緣起性空通往一切美好

放下執著、人生沒煩惱的佛法36問

華梵大學哲學系主任、佛教學院院長
冀劍制 著

〈專文推薦〉

停雲閣話因緣生無主

華梵大學董事長　釋悟觀

人來人去千秋事，水瀉危崖泡沫輕；
泡沫刹那俱幻滅，華嚴瀑布永奔騰。

——《魯拜集》奧瑪珈音

今日與冀院長在般若禪苑「停雲閣」話說了他寫這本書的意象，書寫的心境。「當下即是」在我心念上掠過，隨即思索了，人生的煩惱苦痛在無涯的大海，如何找到定心劑，有人放懷於天地之間感知如幻似真的生命，有著寧靜之思惟。思量及此，我說「緣起性空」的思想，也可以說是人生自己創造生命，在環境人事交替出現「善用其心」。

一位學哲學者，耽於思索佛理，似乎在自己生命中雕刻出一道痕跡，在文字痕跡中院長似乎恍然見到自己，與思想上的淘洗「一切應作如是觀」，所以他書寫了「緣起性空」，是人間佛的生命境界，是人間菩薩的生活理念宗旨內唯一的生命樞紐。

我說「緣起性空」的生命況味是「唯佛與佛乃能究盡諸法實相」。如同「能禮所禮性空寂，感應道交難思議。」一花樹善用全身化為美麗；而後凋零，默默等待下一次再生的機會，我們身口意三業轉化，何嘗不是「緣起性空」驅動自己向浩瀚宇宙中去探索人生，於此我們能得到一點真實的消息（緣起、緣生）而消除煩惱於永恆（性空）。當下即是一個關鍵樞紐，那是「佛觀世法如光影」（緣起），「修大悲色身常護眾生」（性空）。

這本書的訊息，告訴我們說，依「緣起性空」所體驗的人生觀，人是自己的主宰，用「緣起性空」之「智自在、慧境界」的思想精神，來善導我們的情緒，因為自己的精進與智能的聞思修、戒定慧，顯示了思想精神與行為（三業）的密切關係，實學實用的「善根迴向」，將心悟心（緣起性空），之善根。以緣起的智慧月，照攝性空的法界月，了達一切無所得。啟人遠思，曠人心境。

《維摩詰經》說：「直心是道場」，諷誦經文，我感悟「處處是道場，身息心是道場」道不在彼不在斯，全在淨心界影現（法界月法界影智慧月）因為業如光影清淨。

我寫這些，想說的是讀冀院長的文字敘述有著他自己的想法，總是以主題為前導，言之有物。當我看到這本書時，首先我看到了《華嚴經》淨行品所云：佛子「善用其心」而能以智為先導身語意業。

冀院長以智自在、慧境界為先導話說了慈悲智慧的生命滋味是什麼。體悟人生真如夢境的緣起法，在默默變遷問題，生命轉眼之間，絲絲自問究竟度過了幾多如夢幻泡影的生活歷程，於是耽「緣起」耽「性空」。那是般若智慧與人間菩薩生命妙用，空有內外兼融之三學增上（戒定慧）的全人格之圓滿。

因之，「緣起性空」的平等法是以悲智教化為核心的思想，於中有淨行品的思惟修，「佛子！菩薩云何得智為先導身、語、意業。……云何得與一切眾生為依、為救、為歸、為趣、為炬、為明、為照、為導、為勝導、為普導……佛子！

若諸菩薩如是善用其心，則獲一切勝妙功德。」

本書淺白的告訴我們，佛說十二因緣的緣起法、緣生法，是提點人類，時時諦觀緣起生滅的流轉性，流轉當下若止息攀緣，則不見流轉心，煩惱生死不流轉，是真出生死之生滅法。

花開花謝生滅法，不生不滅實相義。法如法爾，法住法界。

生死不流轉，流轉非生死；若實不流轉，生死無窮已。諦觀流轉性，流轉當下止；不見流轉心，是真出生死。

——《憨山老人夢遊集》

一切諸法本，因緣生無主；
若能解此者，則得真實道。

——《釋迦譜》梁沙門釋僧祐

壬寅年孟春雨水　天台悟觀於華梵大學五明樓董事會
二〇二二年二月十九日

作者序

看過舞龍舞獅的表演嗎？龍頭的前方，有一顆龍珠，龍珠往哪裡走，龍頭便往哪裡去。龍頭又帶動著整條龍的舞動。如果我們把整場舞龍表演當作龍的一生，那麼，龍的一生究竟如何，取決於龍珠。龍珠像是一個生命的餌食，決定生命的方向。那麼，人呢？

人其實也一樣，在我們成長的過程中，不斷想要滿足某些欲望，有讓人陷溺的欲望，也有使人成長的欲望。而這些欲望，就像龍珠一般，在不知不覺中，主宰了生命的方向。

不管把什麼當作生命餌食的龍珠，只要稍微仔細思考，每個人在成長的過程中大概都會找到一些用以遵循的方向，屬於自己的生命龍珠。跟隨不同的龍珠，就會有不同的抉擇，也就展現出不同的生命樣態。然而，這樣有什麼問題嗎？

這個問題確實很難回答，一個人終其一生追求他的龍珠，演出他的人生戲碼，只要無怨無悔，旁人又何必說三道四？但問題在於，當人們看錯了眼前的景象，花費了九牛二虎之力，生命過了一大半，才終於發現跟錯了龍珠，這種處境就很令人感嘆了。就像追求眼前快樂最終一定無法獲得快樂；把健康當目標最終必然要失敗，想要避免這種情況發生，至少先仔細看看前方那個讓自己不斷追求的龍珠，是否真的值得追求，是否真能滿足內心的期許，才不會錯過生命的轉彎處。

古希臘哲學家蘇格拉底說，「未經檢視的生命不值得過。」那麼，我們該如何檢視自己的生命呢？答案很簡單，就是去探索目前我們的人生，被什麼餌食引導方向？看清楚目前正在主宰我們生命方向的餌食究竟是什麼？簡單的說，在不知不覺中，我們的一切行動是被什麼在誘導？我們的心，朝向何方？

吸引大眾的生命餌食

首先，我們或多或少，大概都可以簡單看見一些被大眾追求的餌食也一樣吸引著自己，像是滿足各種讓自己覺得快樂的欲望，或是能用來滿足欲望的金錢。如果有機會加薪，大概不會有人說不要，除非加薪的代價和其他餌食抵觸，例如，大家都希望生活輕鬆愉快，如果加薪的代價是增加生活的壓力，那或許有些人不這麼樂意，除了發財，升官也很受到大眾歡迎，名聲、權力等等都是吸引人的餌食，除此之外，有些人希望找到一個好丈夫或是好太太，從此過著幸福快樂的生活。

把這些引誘人的餌食作為引導生命方向的龍珠，當眼前只看見這個欲望的餌食時，就可能會不擇手段地追求，忘了其他一樣很重要的事物，甚至本末倒置了也難以發覺。例如，有人為了獲得更多快樂而追求利益，眼光聚焦在獲得的金錢上面，久而久之習慣性地跟著這個龍珠走，即使一點小利益也不會放過，就會變得越來越愛計較，貪小便宜，搞到後來得罪朋友、人緣變差、經常與人爭執，生活反而越來越不快樂。另外，有些人很在意他人眼光，把他人對自己的評價作為引導生命的龍珠，將受人讚賞的快樂感受做為生命的餌食，但這條生命道路卻逐漸變得只能活在別人的眼光之下，難以掙脫，一樣越活越不快樂。

這些餌食的種類雖多，但可以用一個簡單的字詞來概括，就是追求快樂，尤其那種屬於滿足各種欲望的快樂，這大概是引導人們一生最主要的一個龍珠了。在不知不覺中，我們就這樣的在過生活。直到有一天，因為某些因緣聚合，發覺到自己的一生就在這樣的追求中不斷前進，而前方等著我們的，其實是越來越多的不滿足。簡單的說，我們誤以為跟隨快樂的龍珠前進，就能成就快樂的一生，但很明顯不是，這個生命的餌食，只能讓我們獲得眼前的快樂，但之後可能帶來更多的不滿與空虛，想要真正離苦得樂，需要尋找別種引導人生方向的龍珠。

為何滿足欲望的餌食不值得做為生命方向的龍珠？

雖然人生一開始都自然趨向於把欲望當餌食，但只要活過一段時間，好好反思，就會發現，這些欲望不值得做為引導生命方向的龍珠，因為那只能帶來短暫的快樂，長遠下來，生命卻可能越來越不快樂。但為何會如此呢？

從佛學的角度來解答，根本問題在於這條生命方向其實都在滋養「我執」。越去追求，獲得的滿足越多，我執就越強，越強的我執，就容易帶來更多的痛苦與煩惱，所以，這個生命方向，就在得與失的鐘擺間迴盪，得的快樂越多，就越容易產生失的痛苦與煩惱，在失的煩惱中，產生更強追求的動力，不僅沒完沒了，遲早會到達得不到的階段，而得不到也是苦。

既然這個主導生命方向的餌食不能真正帶領我們離苦得樂，那麼，我們又為什麼會在不知不覺中陷入而難以發現？難道生命是一場騙局嗎？或許真是如此。佛學主張，我們的生命一開始就陷入無明，被無明所引導，除非我們能夠從中覺醒，否則勢必誤入歧途。這是生命中第一階段的覺醒，發現自己正在追求著什麼樣的龍珠，並且發現這不值得追求，開始尋找其他更值得追求的龍珠。那麼，覺醒後，我們試著尋找其他引導生命的龍珠，看看能否帶領我們走向不同的生命境界。

生命成長的餌食

在生命的成長過程中，我們會發現，有些想要追求的事物是互相衝突的，必須有所取捨。這一取捨，就讓人生分道揚鑣，不同的人走向不同的道路。用舞龍來比喻，就是不同的人選擇了不同的龍珠做為生命方向的餌食，展開了不同的人生。

人的天性都喜歡安逸懶惰的生活，但如果你想要專精某些知識與技能，甚至想要贏過別人，想獲得更大的成就感，就必須克服懶惰的誘惑，朝向不同的人生方向。想要獲得事業成功，有時就必須先捨棄某些利益；想獲得更好的人際關係，就更需要放棄貪心佔小便宜的誘惑。看清這些事物，便有利於我們做出好的取捨。

有些人則追求一些特別的龍珠，便展現出不同的生命風貌。像是日本傳統武士追求榮譽，即使面臨必須切腹謝罪的局面，也不退縮，而許多人選擇離群隱居，追求心靈的平靜。

然而，無論是追求成功、成就感、好的人際關係、榮譽、平靜的生活等等，雖然看起來似乎都比遵循最原始的欲望更容易獲得美好人生，但從佛學角度來說，其實都還是一樣陷入我執的框架裡，不斷想為那個虛幻的自我服務。

只要打開智慧之眼，便能看見這個無明。我們不知不覺中，一直意圖想要滿足那個名字叫做「我」的龍珠，讓這個虛幻的存在一直引導我們生命的方向，只要不把這種我執放下，就會不斷帶來煩惱。許許多多成功人士表面上光彩亮麗，但內心卻依然充滿了匱乏感，從佛學角度來說，那是因為所追求的那個「我」的龍珠，其實並不會帶來真正的幸福，因為「我」其實只是一個虛幻的存在，如同在空中播種，不管灑下多少種子，永遠無法開花結果。

發現我執，並且設法找到一個「去除我執」的龍珠做為生命的方向，這是人生另一個階段的覺醒。透過這個覺醒，我們改變了人生的方向。

覺知去除我執的餌食

除了滋養我執的餌食之外，有一些引導生命的動力，是往去除我執的方向前進的。從佛學的角度來說，我執是煩惱的主要源頭，所以，把「去除我執」當作是生命的龍珠，依此方向前進，生命必將越來越少煩惱，也就較能帶來幸福的人生。

在古聖先賢的領悟裡，像是宋明儒學所強調的良知、小乘佛學與西方斯多葛主義重視的禁欲修行、大乘佛學強調的慈悲心、以及西方存在主義哲學想要破除虛無而追求的存在，都可以算是去除我執的方向。

覺知空性

存在主義所強調的「虛無感」，源自於找不到任何根深蒂固的生命意義源頭而產生的感受，從佛學角度來說，這樣的「感受」，可能來自於無明的作用，但是這樣的「認知」，卻不是來自於無明，而是一種覺醒，因為這就是佛學所謂的「空性」。

「一切皆空」或是「諸法皆空」，這句話所要表達的，就是任何我們可以說出來的概念，都不具有一種本質性的、根源性的東西來支持其存在。以「我」來說，我們找不到任何屬於自我的核心本質，這也就是無我的主張。從空性觀點去看任何法則、價值觀來說，便會發現它們都不是必然的，都是在某些緣起條件成立下，才能成立，這就是佛學所謂「緣起性空」的根本觀點。

在西方基督教傳統的社會裡，一旦覺得做為生命意義與價值根源的上帝其實可能並不存在時，就會有一種像是被神拋棄了的孤獨、無助的感覺，這樣的感覺就會帶來一種空洞的虛無感。然而，這樣的感覺並不是來自於虛無或空性本身，而是來自於原本對生命根源意義存在的預設觀點，而這樣的預設觀點，從佛學的角度來說，屬於無明的作用。

如果不要先有「生命具有永恆意義」這樣的預設觀點，當修道者領悟空性時就不會覺得失去了什麼，而是一種自由的空氣與喜悅的當下，在這種情境中，就不會有存在主義的虛無感，取而代之的是生命本身就具備的充實之美。所以，從佛學的角度來說，存在主義的解藥並不是去尋找新的意義、新的支柱，因為沒有這種東西，而是破除以為生命有一個永恆的支點的無明觀點，重新回到原點，去接受萬事萬物的空性。

然而，如果把諸法皆空的觀點用來看待生命的龍珠，我們可以說，一切作為生命方向的龍珠，也都是緣起性空。換句話說，不管是哪一個龍珠，都不是必然的，不存在有任何一個龍珠是客觀上絕對正確的，而且不僅對大眾沒有，即使對任何個人來說，也不會有這樣的東西。也就是說，如果我們不斷堅持一定要朝著某個方向去走，那最終還是錯的。

換句話說，所有作為生命餌食的龍珠都是空。雖有八萬四千法門，也沒有一個法門是絕對的，對大眾沒有，對個人也沒有，它們也都來自於無明的誤導，讓我們誤以為只要沿著這條路前進，就是正確的道路。空性思維告訴我們，沒有這種正確的道路，所以，凡是習慣性的沿著某個生命中的餌食前進，都是陷入無明的陷阱。

那麼，在這種空性的觀點下，我們可能需要放下「沿著餌食前進」的方式，也就是說，「尋找屬於自己生命的龍珠」這件事情本身其實就是錯的。不會有這種可以一直導入正確生命方向的龍珠存在？真是如此嗎？

如果真是如此，那這會是一件很不得了的結論。因為每一個人只要稍微反思一下就會發現，我們都有意無意地受到某些生命餌食的龍珠所吸引，或至少將之當作生命的引導者。尤其針對求道人來說，大多都認為自己找到了一個正確的生命方向，只要跟隨那個龍珠前進，就可以到達自己認定的、期待的終點。但空性思想似乎告訴我們，「錯了！」然而，真的錯了嗎？這實在是一個非要好好思考不可的重大問題。

這個問題其實沒有一個簡單的解答。我們很難說這樣的思路是對或是錯。因為，如果依據空性思考來說，確實，沒有一個法則是絕對正確的，所以沒有一個生命方向的龍珠是絕對正確的，那麼，只要自己內心認為「只要沿著這個生命方向、只要跟著這個龍珠就對了」，那就一定是錯的。

上面這個推理沒有問題，很完美。但是，卻有一個更根本的問題存在。這個問題在於，上面的推理訴諸了「空性思想」這個法則，也訴諸了「邏輯」這個法則，然而，如果空性觀點是對的，那麼，包含空性思想與邏輯也都是空，也都不是絕對正確的。

在這種情況下，就無法完美推出上面的結論。所以，簡單的說，抱持某個生命方向是錯的，認為絕對沒有這種生命方向也是錯的，兩者都陷入了無明，前者是把龍珠當作有自性的無明，後者是把空性當作自性的無明。

空性也是空，所以，不管「沿著餌食前進」或是「不要沿著餌食前進」都不是正確的道路。當然，「正確的道路」這個觀念本身也不符合空性的觀點，因為在空觀中不會有對錯的絕對標準，所以，到了這個人生路上的關鍵轉彎處，其實存在有另一條所謂空性的道路，這條道路，已經不在語言可描述的範圍，甚至不在概念可理解的範圍。但是，覺知這條道路的歷代祖師們告訴我們，「它就在哪裡！」我們必須自己去覺知它。這是屬於「空」的覺醒。

那麼，一旦能夠覺知到空性，是否就可以把這樣的覺知當作是一個新的龍珠，然後生活在一種屬於空性的生命方向呢？我認為，這個問題本身是矛盾的，一旦覺知到空性，就自然會化解掉「生命方向」這樣的觀念，也就不會有能讓自己不斷遵循的固定方向了，因為生命方向的觀念預設了一個「正確的」終點，有正確的終點才有所謂正確的方向，但從空性的角度來說，並沒有正確的終點，也就不會有正確的方向。

然而，我倒不認為佛學主張生命沒有方向也沒有終點，我猜，或許更好的解答是，空性本身其實就是終點，既然到達了終點，當然就不會再有方向，也不會再有其他的終點了。

即使這是對的，也不代表得出這個結論就是實質上的終點站。真正的終點，應該在於徹底領悟空性，讓「一切皆空」化成意識的一部份，與各種緣起一起燃起生命的火花，遨遊於天地之間。我想這才是真正的終點，也是最後的覺醒。

值得感謝的契機

完成這本書，有兩個主要契機值得感謝。第一個契機，在我的第一本佛學書《哲學家的學佛筆記》出版後，很高興也很感謝受到大愛電視台《青春愛讀書》製作團隊的青睞，邀我去談談我的佛學心得。在和錄影現場同學以及主持人謝哲青先生對話的當下，我突然意識到一個嚴重問題，如果有人問了，我該怎麼回答呢？

這個問題是，「一切皆空」這句話是不是也包含在「一切」裡面？簡單的說，一切皆空本身是否也是空？換個更簡單明瞭的方式來說，假設有人說「所有法則都是錯的」，那我們就可以質疑，「所有法則都是錯的」這句話裡談的「法則」是否包含它自己？因為這句話本身顯然也是一個法則？如果不包含，那就不是「所有」，如果包含，那就表示這句話本身就是錯的，如果「所有法則都是錯的」這句話是錯的，這就表示「有些法則不是錯的」，這個結論就和前提產生矛盾了，這表示「所有法則都是錯的」這句話自相矛盾。那麼，「一切皆空」是否也會遇到相同的問題呢？

在仔細思考這個問題之後的某一天，臉角不由得泛起了微笑，讓我對「緣起性空」有了更豐富的了悟，而且連帶著解開其他的困惑。這個進展，是這本書最主要的動力來源，但這個動力屬於內心的體悟，很難完全說得清楚，所以不足以讓我產生動筆的念頭。不久後，第二個契機就出現了。

曾在本校擔任兼任老師的大參法師邀我寫一本可以讓大眾閱讀、談論佛陀的書，而且她希望能從哲學角度來寫。針對這個提議，我立刻感覺到「很有興趣」，想運用我對緣起性空的最新體悟，來解讀佛陀故事，於是立刻就答應了。

我很快就寫了二、三篇範例給她看，想知道是不是她期待的東西，討論過後，發現我們對這本「哲學」書的預期差異很大。雖然她期待這本書「很哲學」，但從我的角度來看，她期待的其實還是比較偏向宗教信仰的領域，但希望多點哲學論述來強化信仰，但我期待的哲學是不以宗教信仰為基礎的。

於是我跟她說，由於我個人並不是信仰者，也不是從信仰的角度來學佛學，所以，我缺乏教徒的思維，並不適合寫那樣的書籍，但我肯定她的企劃很有弘法價值，只不過不適合由我來執筆罷了！

我並沒有嘗試說服她採用我想寫的東西，而單純建議找其他更適合的人來寫，她最終認同了我的提議，所以這個合作案就告吹了。但是，對我來說，寫了這二、三篇之後，已經燃起了將它完成的欲望，於是我又再度落入寫一本書的漩渦裡，直到最後終於完成了它。

交稿後的某一天，我去參觀本校佛教藝術學系的學生聯展，作品中充滿了各種禪意，當時我就想，如果書裡可以有一些禪藝插圖就太好了，於是嘗試問問編輯是否可考慮，結果很高興得到了正面的答覆。

期待這本書，在這麼多好的因緣聚合下，可以發揮它的功用，讓「緣起性空」的觀念更普及。當然，諸法皆空，也沒什麼一定要執著的，一切就順其自然吧！

冀劍制

二〇二二年二月於華梵大學薈萃樓

上篇 緣起性空的思索

CONTENTS｜目　錄

下篇 緣起性空的實踐

CONTENTS｜目　錄

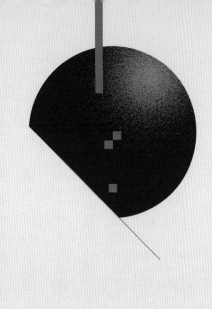

上篇

緣起性空的思索

1 真正的佛法裡，最基本、最重要的觀念是什麼？

我是一位哲學老師，認識新朋友時，時常被問，「哲學是什麼？」如果遇到白目一點的還會問，「哲學系畢業能做什麼？」有趣的是，我的回答每次都不太一樣，不同的回答還可能互相矛盾。像是有時說「哲學系畢業很多用處」，有時卻說「哲學系畢業後不好找工作」。然而，兩者雖然看起來矛盾，只要再深入細聊，就會發現其實都是對的，只是從不同的角度看問題而已。

最近幾年，我多了一個佛教學院院長的身份，雖然佛學不是我的主要專長，但總算浸染在佛學環境好長的一段時間，所以一樣常被問，「佛法在講些什麼？」「佛學是一門哲學嗎？」尤其很多對學佛有興趣、但又不太熟悉的人常常想要了解，「學佛要從哪裡開始呢？」或者，更精確一點，便問出一個很值得探討的問題，**「佛法裡最基本、最重要的觀念究竟是什麼呢？」**然而，談到「佛法」，這個問題本身就已經誤入歧途了，但也因為誤入歧途，反而有利於用來解開人們在學佛時最容易產生的迷思。

在此，我們稍微區別一下「佛法」與「佛學」的不同。「佛法」指的是佛陀傳下來的那個直指人心的某樣東西，而「佛學」指的是談論佛法的學問。

那麼，當我們正面、嚴肅回答這個誤入歧途的問題，答案是：「真正的佛法裡，並沒有所謂最基本、最重要的觀念。」或者，勉強來說，上面這句話**（真正的佛法裡並沒有最基本、最重要的觀念）**就是佛法最基本、最重要的觀念。

這真是個有趣的解答。但為什麼這只能算是「勉強來說」呢？因為問題誤入歧途，所以解答也只能站在歧途中指向正確的方向，也就是說，答案也一樣在誤入歧途中。那麼，讓我們來解開這個歧途吧！

首先，「最基本」、「最重要」這些詞彙本身就已經將思維導向遠離佛法的方向了。試著用想像去感受一下，如果佛法是一座海洋，海洋裡有各式各樣的魚作為佛法的一份子，那麼，不會有任何一隻魚適合用「最」、「基本」、「重要」這些詞彙來描述。他們恰如其分地、圓融地、平等地、喜悅地，構築佛法的大海。

其次，退一步來想，就算真正的佛法裡有最基本、最重要的東西，也不會是一種「觀念」。任何東西只要變成了觀念，就開始遠離佛法最終的寂靜（涅盤），也就同時在思想世界裡開創出無明塵世，因而帶來世俗的煩惱。

觀念是一種解讀萬事萬物的框架，雖是很好理解世界的工具，但也同時是思想的限制，這種限制必會帶來執著。而不同觀念的組合，創造出不同的世俗世界，也帶來不同的煩惱。

然而，我們沒辦法透過語言去談論沒有觀念的世界。要講話，就要有觀念。如此一來，我們便建構出所謂的「佛學」。如果我們問**「佛學裡最基本、最重要的觀念是什麼？」**那就有解答了。這個解答也就是主張「沒有這種東西」的觀念，這個觀念叫做「緣起性空」。好！那下一個問題是，什麼是**「緣起性空」**？

緣起性空就是追根溯源到最後卻發現那裡什麼都沒有

簡單的說，「緣起」指的是一切事物皆由許多條件聚合而成。「性空」指的是一切事物除去那些緣起條件之外，就空空如也，別無他物了，也就是一切事物缺乏一個它之所以是它的根本源頭。

緣起和性空兩者背後的含意其實很類似，有點像是一個硬幣的正反兩面。因為緣起，所以性空；也因為性空，所以緣起。然而，這樣的說明雖然已經很簡單了，但對於不熟悉這些觀點的人來說，仍然看不出這到底想說什麼。由於套用在不同的實際例子時，會有不太一樣的說法，讓我們用些實例來談會比較明白。

首先，我們需要注意的是，佛學的根本目的並不在於建立一個知性上的學說，而在於達成「離苦得樂」的目的。所以，在學習佛學時，注意力的焦點應該放在如何化解痛苦和煩惱。那麼，當我們在談「緣起性空」時，也應該把焦點放在如何藉此化解痛苦和煩惱的源頭。

由於所有的痛苦和煩惱都是緣起性空，只要追根溯源，就會發現它們都沒有一定要痛苦、要煩惱的絕對因素在內，也就無須執著於這些痛苦與煩惱。只要看清了緣起性空的真相，便遠離了執著。因為，就是看不清事物緣起性空的本質，才有所謂的「執著」。而由於佛學主張執著之苦是最主要的苦的源頭，所以，遠離了執著，便離苦得樂了。

也就是說，凡是和離苦得樂無關的事物，究竟是不是也適合用緣起性空的角度來解讀，在佛學裡其實並不重要。這是我們首先需要注意的地方。

手上的筆是不是也具有空性？

就像有人聽到緣起性空的說法之後就會想要問，「地球、宇宙，是不是也是緣起性空呢？」「手上的這支筆是否也具有空性呢？」尤其哲學家會對這類問題特別感興趣。這其實也很正常，因為哲學的根本目的在於求知。渴望知道真相的好奇心是哲學的源頭，這和佛學以離苦得樂為目的不同。想要求知、滿足好奇心，所以探詢各種問題，至於探詢這些問題究竟有什麼意義並不那麼重要。對哲學家來說，對於好奇的問題，就盡力尋找解答、建立最佳理論，並在這整個過程中感到滿足與喜悅，就像在盡情享受一頓美食時，並不在意裡面包含了多少營養價值。這其實和許多人好奇、想知道明星八卦的心情也很類似，就只是想滿足於

「知」的欲望而已，和哲學家的差別只在於想知道的內容不同。

從某些角度來說，這也是哲學的優點。像是在最早的古希臘時期，當時許多科學與數學研究其實看不出任何實用性，但純粹為了求知，學者們全力去研究，才奠定了現代科學的基礎。相對於中華傳統文化，由於不太重視這種純粹求知的本能，以致於科學發展在某個階段便停滯下來。

然而，學佛者如果目的在於離苦得樂，那就無須煩惱這些關係不大的學理問題了。因為針對「我手上這支筆究竟有沒有空性」的問題來說，無論有或沒有，都和學佛的目的無關。把注意力放在這裡，也只是自尋煩惱而已。或者，也可以把佛學裡說「一切皆空」的「一切」解讀成一切煩惱、痛苦的來源。這樣就不用管那些跟煩惱無關的問題了。

當然，如果覺得思考這些問題很有趣，像哲學家一樣很想知道真相，也是得樂的一環。這種追求無論結論為何、無論是否能找到解答，都不起煩惱。那就沒關係，並不違背學佛的初衷。

以緣起性空看球賽

那麼，回到緣起性空的問題。由於在不同的層面，緣起性空的解釋會不太一樣。我們用例子來說明會比較容易了解。首先，假設我正在看一場中華隊對抗韓國隊的棒球比賽。我可能很緊張，很在乎勝敗，在原本一路領先的情況下感到很快樂，但最後一局投手頻頻失誤，最後被韓國隊的滿壘全壘打逆轉勝。遇到這種情況，大概會感到很痛苦。那麼，我們來看看，當我們轉換緣起性空的眼光，將如何化解這個痛苦。

「緣起」指的是各種事件都是由許多條件聚集而成。這些條件包括棒球規則的界定、勝比敗更好的標準、球賽的意義、國家隊的形成，以及我們對這些球賽所付出的關注程度等等。整個事件所導致的喜怒哀樂是由這些眾多條件聚合而成。只要任何一個條件變了，整個喜怒哀樂就有可能不同。

舉例來說，如果這場比賽敗了，在許多方面比獲勝更好，那我們可能就會有不同的觀感。而實際上，或多或少確實一定有這樣的好處，只是我們未必會去注意到，或能夠發現到這個層面。例如，這場失敗是未來更大勝利的契機；或者，這場失敗導致某位公司大老闆拒絕和韓國廠商簽約，導致國內經濟好轉而成為受惠者等等。只要眼光放大放遠，可以看見更多可能性，感受自然不太一樣。

另外，身為台灣人也只是偶然，如果我是韓國人，那我就會用不同的角度看這場球賽。「逆轉勝真是太美妙了！」但即使我是韓國人也不必然會高興，例如，有可能我住在台灣也喜歡台灣、其實我對球賽漠不關心，或者勝隊裡有我討厭的人。諸如此類，我目前之所以會如此觀看這場球賽，並且產生如此這般的情緒，都是由許多巧合的機緣聚集而成，而這些機緣皆非必然。或者，就算這些直接相關的條件不變，但某些看似無關的狀況變了，也會有很大的差異。例如，假設正在生病，甚至面臨生死關卡、正在選總統，或是陶醉在戀愛之中，當注意力轉移到其他自己更在意的事情時，誰還會去管什麼球賽啊！

在「性空」方面，即使所有緣起條件全部不變，勝敗本身究竟該喜，或是該悲，也沒有一定。誰說自己國家的球隊輸了就一定要難過呢？誰說自己討厭的人贏了就一定要難過呢？我一樣可以因為看了一場精彩球賽而感到快樂；我一樣可以因為對討厭的人投以慈悲心而為他贏得勝利感到快樂；或者，我一樣可以沒有任何理由只是觀賞球賽，而在每個人的奮戰中感受到存在的喜悅與感動。這整個喜怒哀樂的背後，沒有任何非要我們喜怒哀樂的理由，這就是看破了事物表面而直達空性後的領悟。只要總是能夠看見這種事物的空性，生命就更悠遊自在。

從這例子來說，任何事情的發生都沒有必然性，都是由許多條件匯集而成。這是緣起。而這些事情沒有一定好，也沒有一定壞。這是性空。

以緣起性空看生死

換個例子來看緣起性空的應用。就以生死大事來說，不管是親朋好友，或是自己的生命走向結束時，都是令人感到痛苦的事，並且因為痛苦而帶來煩惱。然而即使這種生死大事，都沒有使其一定好或是一定壞的根本原則。

我們從出生開始，就恐懼著死亡。這是人的天性。所以怕死是一件最正常的人性。也因為如此，我們把恐懼死亡當作是一件理所當然的事情。被恐懼的東西，自然也就會被視為壞東西，能避就避，能躲就躲。躲不過，也只好硬著頭皮勉強接受了。

然而，許多古今哲人對這種現象感到疑惑。為什麼我們一定要對死亡感到恐懼呢？裡面有什麼必然的法則讓我們一定要覺得死亡是一件可怕的壞事嗎？如果有，究竟是什麼？

隨著哲人們走進這個思想禁地，百般思索後發現，這個問題其實並沒有一個合理的解答。相反的，有更多的理由告訴我們，其實死亡並非一定是件壞事。為什麼呢？最簡單的理由，因為我們根本不知道死後的世界是什麼，既然不知道，那是在恐懼什麼？有人說，就是因為不知道才恐懼，但這不是好答案，有太多東西我們不知道卻一點都不恐懼，甚至還很期待。也有人說，怕的是死後就什麼都沒有了，但這也不是好答案，因為從理性的角度來說，即使沒有死後的世界，也沒有什麼可以恐懼的。

既然如此，為何每個人天生恐懼著死亡呢？從哲學角度來思考，我們只能說，這主要是由一種非理性的天性造成的。這是屬於一種與生俱來的內建機制，並不是因為有什麼理由認為死亡很可怕而讓我們感到恐懼。就像為何覺得小貓小狗很可愛，而蛇和蜘蛛卻很可怕；為何小孩愛吃甜食，討厭苦的滋味一樣。也因為如此，如果某些可以改變這種天性的條件成立，就會很自然地不再覺得死亡可怕。就像許多大人愛喝苦茶、苦咖啡，甚至覺得蛇和蜘蛛也很可愛。

從科學的角度來說，它很可能只是一種生物演化的求生本能。怕死只是為了讓我們避開危險，讓生命可以持續下去。而從宗教觀點來看，怕死或許是一種人生的考驗，一個讓我們必須提昇自己的功課。無論是什麼，我們要做的，都不是繼續去恐懼它，而是去正視它，將它當作是一個前往某個領地的冒險旅程。

由於各種機緣的聚合（緣起）我們恐懼著死亡，但死亡這個事件背後，並沒有非要恐懼它不可的根源性理由（性空）。由於性空，事物的可能性無限擴大，只要緣起的某些條件改變了，死亡就不再可怕。這是從緣起性空的角度看死亡所產生的理解。那麼，從緣起性空的角度看人生，我們還可以看到哪些生活中的應用呢？

以緣起性空過生活

在沒有運用空性的角度看世界時，人們常常會覺得某些事情一定好或是一定不好，有著堅定的價值觀。有了這種價值觀，就容易指責別人，或是告訴別人一定要如何如何，甚至在強迫別人時，還自以為是對別人好，即使引發嚴重的衝突還常常繼續堅持己見。

然而，當我們用性空的角度看待一切，就會發現沒有什麼價值觀、原則、觀念、想法是絕對的。因為性空，表示沒有一個絕對的支撐點，所有一切都是在眾多因緣聚合的情況下才成立，只要條件變了，結果跟著改變。簡單的說，所有的一切都有例外，既然有例外，就必須審慎思考，不能簡單套用任何價值觀或原則就做出最後結論。

當然，緣起性空並不是主張任何事物都不好不壞。有些事物、原則、價值觀在大多數緣起的情況下是對的，也有些大多是錯的。日常生活中大部分的事物在簡單下結論後，不會有什麼問題，但只要發現在簡單判斷時好像哪裡怪怪的，或是引發衝突了、遇到反對意見了，就是一個必須警覺的訊號，也就是需要重新反思的時刻。

擁有緣起性空的觀念，就不會有「自己的看法一定對」的錯覺。所以當聽見他人提出和自己不同的看法時，不會立刻皺眉反感，而是專心聆聽。就算聽後還是不認同，也只會提供自己想法提供他人參考，不會指責，也不會強迫他人接受自己的主張。因為**我們永遠沒有辦法可以確認自己一定是對的**。

而且，從緣起的角度來看，由於每一件事情的發生，都有其不同的因緣聚合，不同時空背景，條件不同，都必須用不同的眼光去看。我們不可能真正把握他人的所有因緣聚合條件，也就更無法將自己的經驗完全套用在他人身上。硬要套用時，錯誤的機率反而更高。

所以，如果以緣起性空的眼光處事，便會發現這其實是一個好的人際溝通方式，也是更尊重他人的一種態度。不管緣起性空是否真的反映了世界的真相，它仍是一個可以協助我們離苦得樂的觀念。

2 真的什麼都可以放下嗎？

佛學主張苦的源頭是「執著」，「離苦」的關鍵就在於「不要執著」或是「放下執著」。而且由於任何事物都是緣起性空，「事物皆具空性」就代表這些事物沒有什麼非要執著不可的核心理由存在。所以，理論上來說，一切執著都可以放下，也應該放下。放下執著就等於遠離煩惱。遠離了煩惱，也就離苦得樂了。

在佛教各種宗派中，禪宗尤其強調「放下」這個觀點。「放下一切」可以說是禪宗的主要修行特色，能放下一切執著，其實也就不用學佛了，或說也就學完了。就像在《六祖壇經》中所記載的禪宗六祖惠能的知名詩句：

菩提本無樹
明鏡亦非臺
本是無一物
何處惹塵埃

禪宗講「本是無一物」，就是事物皆有空性的意思，因為空性，所有事物都不是我們在執著中所理解的樣子。它們都是在某些緣起條件下才聚合而成的。只要把各種作為緣起條件的雲霧撥開，裡面便空無一物。所以，根本上來說，它們本是無一物。若能以此眼光看見空性，便具備了能夠放下執著的智慧，在乍見一切皆空的瞬間，便是開悟。開悟了，便知道「何處惹塵埃」，那還有什麼不能放下的呢？

用實際例子來說，有人希望自己不要生氣，因此需要做很多修行，像是不易怒的心性修行、尋找生氣背後根源的修行等等，等到容易引發生氣的事件發生時，有了這些修行底子，就可以比較不容易發作，就算發作了，也比較容易停下來。但對於完全理解事物空性的人來說，根本就已經不存在引起生氣的緣起條件，在這種情況下，何處惹塵埃？

知易行難的放下

理論上來說確實如此，因為一切皆空，那就沒有什麼是不能放下的了。但在真正覺悟此一智慧之前，效力則是有限的，只要一回到日常生活，就會發現說得容易，做到真難。每個人心中都有太多不能放下的人、事、物了。先別說有些完全不覺得可以放下，甚至有些已經想要放下、也知道應該放下，但仍舊放不下。

舉例來說，對許多好面子的人來說，通常很在意他人眼光，希望被眾人稱羨，獲得好的評價。雖然自己其實很容易就能看穿這些只是虛榮心的作用，實在沒什麼必要，這可以說是看見了面子的空性，但即使如此，想要擺脫它仍舊不太容易，這屬於知易行難的部分。有些事物的空性容易被看見，但不易放下。

類似的例子像是「財富」，許多人緊抱自己的財富不放，雖然也知道生不帶來、死不帶走的道理，但就是放不下。放不下就永遠無法發現該如何活用它們來豐富自己的生命，只有嘗試去實踐，學習把錢花在更有意義的地方，才能逐漸跳出這個執著。這些都屬於看見空性容易，但不容易擺脫的執著。

看不見空性更難放下

更難放下的是根本不覺得可以放下，也放不下的人事物。例如，友誼、品德、喜歡善人而討厭惡人、親人與愛人的生命、自己的生命等等。這些在我們的生活中，大多被認同是很重要的東西，也就不會輕易產生放下的念頭。但智慧可以深入各種人事物之中，發現裡面的空性，只要真能看見，也就能夠掙脫束縛、更自在的擁有這些事物，讓生命更加無拘無束的明亮。

放下不是丟棄，也不是失去，而只是不再執著。看見空性，可以協助我們放下執著，但並不會讓我們更容易失去這些人事物。差別在於，不執著的擁有，反而是一種更好的擁有方式。

所以，我們不是要放棄這些普世認同的好東西，而只是當我們執著於這些事物時，仍舊會帶來煩惱。看見它們的空性，可以讓我們不再執著，而且在擁有中帶來好處卻免除煩惱。

要放下這個類別的人事物，屬於知難行卻比較容易的修行。只要看見空性，就比較容易放下執著。當然，要完全做到也很困難，只是相對於看見這些事物空性的智慧來說，容易許多。

佛學認為沒有不能放下的執著，「慈悲心」也是嗎？

「一切執著皆可放下」，這是從佛的視角來看。成佛之前，自然會覺得有些東西是放不下的。舉例來說，從凡夫俗子到菩薩階段，我們大概都會覺得慈悲心是必須堅持的、是不能放下的。而由於廣大慈悲心的作用，關懷眾生，那便放不下眾生，於是有著「地獄不空，誓不成佛」的內心世界。雖然這樣的內心世界是美麗的，但何嘗不是一種執著、一個成佛前的障礙呢？

「放下慈悲心」，這似乎是個很難想像的事情，如果真的放下慈悲心，還能算是佛教徒嗎？確實，這很難想像。而且，這個想法也只是理論上的推測，從放下一切來推測，無法確定慈悲心是否是一個例外。然而，幸好這對大多數凡夫俗子來說，並不是一個需要面對的問題。因為，是否要放下慈悲心？這是要到菩薩的層次才會遇到的困惑。我們就暫且不用去煩惱這個問題了。

不過，在不起煩惱的情況下，想一想也挺有趣的。假設真的連慈悲心都要放下，那是不是表示佛的層次是沒有慈悲心的呢？我們不是常說「我佛慈悲」嗎？難道這是錯的？

我想，這裡有一個容易想錯的重點，「放下」不是一種否定，而是一種超越，就像放下一個執著的時候，並不是就把那個執著的事物給丟棄了，而是從內心去超越它、掌控它，不受到它的限制。所以，「放下慈悲心」的意思應該是具有一種不執著於慈悲心的另一類更超越的心境。放下慈悲心的佛和慈悲的佛，兩者並不必然衝突，只是「慈悲」的內在品味稍許不同，差別在於執著的慈悲心與不執著的慈悲心。

難以看見的執著

還有最後一種需要放下的執著，屬於很難察覺到的執著。因為無法察覺，也就根本不太可能可以解開這種執著。這種執著大多屬於根深蒂固的觀念。其中最主要的，大概就是「我執」，我執也是佛學中最根本的一個苦的源頭。

雖然佛教徒一定常常聽到「我執」，也有很多生活例子在討論我執的現象，像是我的錢、我的車、我的面子、我的愛人，這些我們通通放不下，所以要擺脫我執很困難。這樣說沒錯，這些確實都算是我執，但不是我執的最根本問題。這些執著可以稱之為對人、事、物的執著，我執則是在這些執著背後更令人難以發現的東西。

真正要了解什麼是「我執」很困難，困難點就在於那個「我」。被執著的那個「我」是什麼？我們如何執著這樣東西？我該如何發現它？該如何放下它？這大概是佛學修行裡非常重要的一個根本問題。那我們就繼續探索下去吧！

3 何謂「我執」？

「我執」，就是對「自我」的執著。佛學主張「一切皆空」，一切皆空的一個解釋面向是一切皆無必然性。因此，對待任何事物，都無須將它們當作必然的東西，這意思也就是一切（包含自我）皆無須執著。

「執著」，就是自然而然捉住不放的心理狀態，無論何時、何地、何種狀況都牢牢捉住，只有必然的東西，才值得這樣對待。既然一切皆無必然，就無須執著；既然無須執著，就可以放下。

放下的意思不是拋棄，而是不再意圖掌控，尤其對於無法掌控的事物，便任其自然。當然，我們也不需執著於「不執著」這件事。當我們強迫自己不可執著任何事物時，就是執著於「不執著」了。執著並不一定就不好，只要執著某些事物並沒有什麼壞處、甚至好處多多時，那當然就沒關係。重點在於，對於無法掌控，或是掌控它反而帶來煩惱時，便是該放下的時機，這時就放下。當然，重點在於要放得下。

由於「自我」這樣東西也是空，所以也是可以放下的東西，尤其在帶來苦的時候，也是應該要放下的東西，放下後便可以免除許多由於執著所帶來的煩惱。

好，大道理講完了，那我們來仔細分析看看，這個「我執」和「放下我執」究竟是在講些什麼？

從「自我中心」看我執

首先，來談一個跟我執關連密切的觀念：**以自我為中心的思考**。在日常生活中，我們發現，人們常常批評別人太以自我為中心，感覺上好像這是多麼罪惡的事情，說得跟自己好像沒關係一樣。但實際上，每個人都以自我為中心，而且很難不如此。

舉例來說，假設我說，「今天天氣真好。」光是這句話就已經是以自我為中心了。怎麼說呢？這句話的實際意思是說，「以我所在的地方來說，天氣真好。」這當然不包括其他國家、其他縣市、甚至下一條街的天氣。我們常常會忽視其他地方而只關注到自己所在之處，說話的瞬間好像除了自己周遭之外，其他地方都不存在一樣，因為這是和自己最息息相關的。而且，人們往往不會看見這種忽視作用，尤其有利害關係時，人們常常就只看見跟切身利益相關的東西，因此下意識容易做出自私的判斷與決策而不自知。因為難以自我覺察，所以每一個人其實或多或少都比自己所認識的還要更自私，究竟落差有多大，端看自我的覺察能力可以到達什麼程度。

這種自我中心的思考作用讓我們對於自己國家政治人物的貪污產生很大的反感，但對其他國家政治人物貪污就比較沒什麼憤怒之情，頂多看不起那些人而已。道理也很簡單，因為其他國家政治人物貪污不會讓自己受到任何損失。也就是說，看見自己國家政治人物貪污的憤怒，其實不是（至少不完全是）來自於反對貪污的正義感，而是下意識覺得自己利益受到剝奪而產生的。但由於我們容易忽視這種下意識的內心世界，才會在憤怒時自以為充滿正義感。

在新冠病毒疫情期間的三級管制措施時，商店無法正常營業，活動無法舉辦。然而，當疫情尚未完全穩定下來，政府卻在逐漸解封時，許多人感到很憤怒，「為什麼不等病毒完全殲滅之後才解封呢？」會有這類意見的，通常不是在管制期間的受害者，所以，對自己最有利的政策，就是等疫情完全結束後才解封。但對那些因封鎖而遭受損失的人來說，自然會有不同的觀感，認為政府應該一邊開放經濟活動一邊繼續防疫，或是認為只要努力做好防疫工作就可以開放了。無論哪一方，其實都是以自我為中心的思考才產生的結論。但人們往往看不見這個作用。

看見自我中心的思考

由於我們太過習慣這種思考方式，就像魚習慣海洋而忽視它的存在一樣，我們也會認為這些思考是理所當然的，甚至根本沒有注意到這種思考習性，那麼，便會執著於自己的思路所產生的結論，認為自己才是對的。這樣的情況，就容易導致人與人之間的衝突，並且帶來煩惱。

在這種思路作用下，圍繞著的中心點，有一樣東西，這樣東西是我們想要維護權益、滿足各種慾望的核心，這個東西就是「我」。而當我們習慣性的以它為核心思考時，就形成了「我執」。由於我們通常看不清這個「我」，也看不見這個思路下的「我執」，所以，要跳脫我執也就根本沒有著力點。簡單的說，想要跳脫我執，得先看見它才行。

也就是說，由於我們容易忽視這種以自我為中心的思考，導致不容易看見對自我的執著。看見我執，事實上就是一種覺醒，莞爾一笑，「哈哈！原來這就是我執啊！」那麼，試著反思一下，現在可以看見這種「自我中心的思考」了嗎？看見的話，從這個認知出發，看清楚這個被我們的思路所圍繞著的中心點，這可以協助我們看見那個需要被放下的我和我執。

下一步，可以試著思考，「如何跳脫自我中心的思考？」這和如何放下我執也有很大的關連。從這裡可以比較容易了解到底什麼是必須放下的那個自我。

4 如何放下我執？

跳脫自我中心的思考以及放下我執可以從兩個方向推進。第一，屬於哲學的方法，客觀理性的思考可以協助我們跳脫自我中心。第二，則是佛學慈悲心的培養。

從客觀哲學思考跳脫我執

客觀的哲學思考，是從思考的角度擺脫自我為中心的思考，因為自我中心的思考通常都是有利於自我的思考，所以是不客觀的，於是當我們轉換成客觀性思考時，就等於擺脫了自我中心的思考。當然，要徹底完全客觀很難做到，人們的思考多多少少都還是會以自我為中心，這是本能、習慣。不僅很難完全改變，而且很多偏私的面向自己看不清，無法確認何時可以完全改變，或許實際上也不會有這一天。但這沒關係，我們應該從程度上的差異來看這個問題，只要能擺脫越多自我中心的思考、越客觀去看待事物，就越能跳出我執的障礙。

由於「客觀」可以有比較好的參考標準，也就是盡可能從各種不同角度看事情，「從不同角度」其實就是擺脫「從自我角度」看事情的習慣。例如，跟人有爭執時，不要只從自己的角度看事情，也嘗試從對方、第三者等不同角度思考，綜合不同角度的思考，就可以說是客觀思考。所以，當我們嘗試客觀思考時，往往會和自我中心的思考天性背道而馳，於是在內心出現兩條互相衝突的思路，呈現出一種矛盾的感覺。

就像在吵架時，情緒作用往往讓我們很難從對方角度看問題，但如果對方說得很有道理、很有說服力，情緒和理性兩條互相衝突的思路並存，內心就會出現矛盾感。理性上人們大多知道如果能從對方角度看世界，將更容易理解他人，並且較容易發現問題解決的契機，但由於各種情緒阻礙，讓我們不願從對方角度思考，內心便會形成一股理性與感性的拉鋸戰。這時就容易看見自我中心的思路如何在我們心中作用，看見後，開始嘗試不再受其擺佈，回歸客觀。這種屬於客觀理性思考的修行可以逐漸從自我中心的思路中跳脫出來。

以實例來說，假設我認為某一種政策最好，例如，續建核電廠，並且繼續把核廢料放在蘭嶼，我認為這是最好的策略，而且從他人（朋友們）角度來看也是最好的策略，那就可以算是比較客觀的思考了，能夠從越多不同角度思考，就越客觀。然而，當我們試著從蘭嶼住民的角度思考，就會發現他們有著不同的看法，那麼，顯然在我沒有考慮到這個層面時，就不夠客觀。

客觀思考的練習

由於我們不太習慣從他人角度思考，剛開始嘗試時也容易想錯，這需要經常性的練習，並且確認思路無誤，才能逐漸建立這樣的思考能力。尤其當發現自己的思考結論正好對自己最有利時，就需要警覺，很可能我們只是落入自我中心的思考而不自知，這時需要設法從不同角度思考來平衡一下。如果對於從不同角度思考這件事感到困難，那可以先試著詢問他人意見，綜合不同人的意見也算是客觀思考。

由於客觀思考必須從不同角度看問題，不同角度就不單是自己的角度，所以養成習慣後就能跳脫自我中心的思路。久而久之，思考中心的那個「我」對個人思考的影響力便會逐漸轉弱。但人們是自私的動物，即使透過客觀思考，發現對自己不利的政策才是正確的政策時，常常不會輕易罷休，本能會去扭曲思考的結果，若沒有一個很好的邏輯與反思訓練，思路就很容易扭曲，最後還是回到對自己最有利的結論，而且還會自我矇騙的認為這才是客觀思考。

為了避免這種結局，理性的邏輯訓練是必要的，因為邏輯是完全客觀的，就像是一加一等於二，沒有可以彈性扭曲的空間，那麼，它便可以協助我們抵抗心魔。而且有趣的是，即使我們可以做到客觀思路不被扭曲，也通常無法消滅那條私心的想法，這時經常會體驗到兩條互相衝突的思路並存的現象，而且私心隨時伺機而動，意圖奪取主導權。但只要對抗久了，理性的堅持就會越來越強大，也就越來越能忽視那條蠢蠢欲動的、來自我執的思路了。這個方法，意圖去除的是「執」的作用而不是內心的那個「我」，那個我還是一直在哪裡，不斷尋找機會重返「我執」。

想要更徹底解決這個問題，可以試著去消滅內心裡那個私心的「我」，也就是必須放下我執中的「我」，消滅的方法，是去改變它，讓它填滿更豐富的意義，讓它充滿對他人的關心和愛，那麼，這個私心的「我」的力量就會衰弱，也就更能達成去除我執的目標。但在這種情況下，去除的並不是那個「執」，而是那個「我」。當必須去除的我執中的「我」改變後，「執」就變得比較沒關係，不易起煩惱，而且，當那個我逐漸消失時，也就越來越不容易形成執著了。這種去除的方法，就是慈悲心。當我們把私心的我完全轉化成關心眾生的我時，這時的「我執」，就變成了「地獄不空，誓不成佛」的菩薩境界了，因為，這時的「我」就等於「眾生」，想讓「我」離苦得樂，就等於想讓眾生離苦得樂，對「我」的執著，就等於對眾生的執著。那麼，讓我們來看看慈悲心如何化解我執。

從慈悲心跳脫我執

我執是一種本能，這種本能的自然展現就是私心。當然，這不是說人們從出生開始就不講公理、道義。其實，當今許多心理學研究顯示正義感其實是天生的。例如，學習任何知識之前的嬰兒，天生會比較喜歡幫助別人，以及偏愛公平的分配。這個觀點並沒有跟天生的私心衝突，當我們觀看一件不公平的事情發生時，通常就算跟自己無關，也會很生氣，希望人人都可以受到公平的對待，這份心思基本上沒有問題。但是，如果這件不公平發生在自己身上，當自己是受益者時，只要不會導致像是被人說特權，或是被嫉妒等不良後果，通常我們就會默默享用。既得利益者，常常不會反思是否公平、正義，就算想到，也大多想想就算了，不會有深刻想改變的念頭。這當然也是私心的表現。當私心和公義衝突時，通常人們會選擇私心。這也是我執的現象，當我們以自我為中心去思考，當自我是最大受益者，便符合這樣的觀點，往往不會感到有任何不妥之處。直到有一天，這個作為思考中心的自我產生蛻變，才有改變的機會。

假設有一天，我們發現自己正關心著其他人，並且會因他人的痛苦而感到痛苦時，這個私心的自我便開始蛻變了。這時，我們會願意付出一點犧牲來化解他人的痛苦。為什麼呢？那是因為原本的那個私心的我，已經不是純粹的我了，而是摻入了他人的某些元素在裡面。看見他人喜悅，自己跟著喜悅，從這角度來說，「我執」的作用是沒有改變的，改變的是「我」的內容。

當我們試著開始關心他人，敞開心胸去感受他人的喜怒哀樂，那麼，他人的某些部分就摻入了原本的我的世界。當能夠產生共感的眾生越多，原本的我就變得越來越渺小，逐漸的，原本的私心的我就融化到眾生之中，成了一個小小的存在體。這樣的作用，就是慈悲心的作用。這個作用改變了「自我」的核心內容，把原本應該要放下的我執中的那個「我」改變了。改變後，放不放下就變得不太重要，這時的我執也變得不易生出煩惱，若能達成廣納眾生的境界，那這時的我執最多也只剩下如何化解眾生之苦的煩惱了。在這樣的轉變之後，就像華梵大學董事長悟觀法師在《般若禪，如來使》書裡描述開良法師晚年的轉變時說，她把自己的意見逐漸縮小，不再堅持想法，讓自己的存在變得越來越渺小，但是，所呈現出來的心力卻越來越龐大。

這兩種方法，一個主要是用來化解「執」，另一個則是用來改造「我」，兩者都可以走向化解容易生煩惱的我執，但都不是容易達成的修行，就像釀造一壇好酒，需要時間的淬鍊。

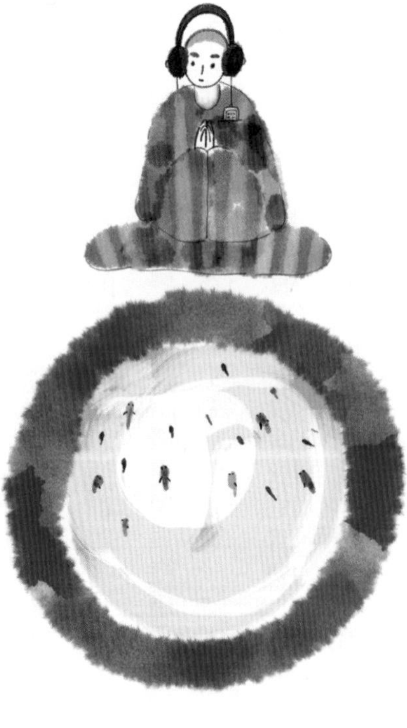

5 何謂自我？放下自我是怎樣？我執如何生出煩惱？

佛學裡很重要的一個觀念是「空」。「空」可以從很多不同的方向來解讀，其中一個解讀是，「沒有必然性」，這個解讀比較適用於各種法則，尤其針對道德與價值法則。如果將這個解讀用在「自我」方面，那「自我是空」的意思就是「自我沒有必然性」，這大概就很難讓人理解是什麼意思了。通常在這種情況下，我們會轉換為另一種空的意思而解讀成，「自我並不是永恆的，是會死的，所以不用太在意自我。」這其實也可以算是對「自我是空」的正確解讀，但卻只是一個很表層的含意。針對自我，用另一種對空的解讀會比較好：「缺乏根源的支點」，或說得更清楚一點，就是缺乏「這樣東西之所以是這樣東西」的那個本質性的存在。

中間三角形就是緣起性空

「自我是空」，意思是「自我具有空性」，或說「自我並沒有自性」。凡是沒有自性的東西，都可以說是缺乏可以作為根源的支點，從這角度來講，就常被說成是虛構的存在、或說是假的，既然自我是假的，那也就是「無我」的意思了。

那重點來了，什麼是「自性」，又為何沒有自性就可以說是假的？那麼，「自我是假的」又是什麼意思呢？這很容易讓人誤解，以為自我就像幻影一般是個完全不存在的假象。這樣的解讀似乎又太過頭了。讓我們用下方這幾張圖來解釋：

這三張圖都是由三個三角形組成的圖案。在這三張圖

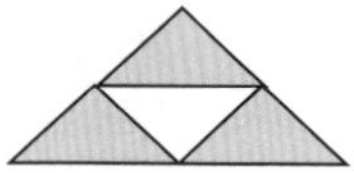

圖 A

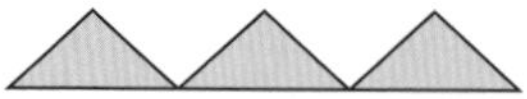

圖 B

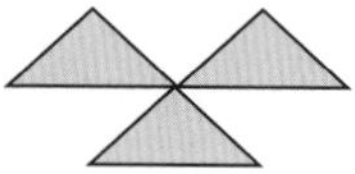

圖 C

中，只有圖A在被三個三角形圍繞的中間出現另一個三角形，讓我們稱呼它為「中心三角形」。假設這三個圍繞在外的三角形都是真實存在的三角形，而且在不同時刻裡，會轉變成像是圖B或是圖C，以及其他種不同的排列方式，只有在像是圖A這種特殊的因緣聚合中，才會出現這個中心三角形。那麼，試問這個中心三角形是否也真實存在？

要談是否真實存在很不好說，我們可以說這個現象是存在的，確實有個三角形出現在那裡。但是，它的存在理由並不是真的有一個三角形在那裡，它並不具有讓自己是一個三角形那樣的本質性的根源支點存在，這個說法其實就很類似是說它並沒有「自性」。或說這個中間三角形是「空」。它是仰賴其他三角形在某種特定的因緣聚合下才出現的東西。

簡單的說，中間三角形就是緣起性空的存在，它並沒有屬於它自己的必然性、根源性的支點，不像其他三個三角形具有讓自己可以獨立存在的實體。在這種情況下，我們也可以說，中間三角形是虛構的存在，或說它是假的。佛學主張，自我的存在（以及其他一切存在）其實就像這個中間三角形一樣，緣起而且性空。

然而，回頭來反思自我，會產生一個疑惑，我們明明可以很清楚、很明白看見的自我，為何只是像那個中間三角形一樣屬於假的東西呢？這讓人感覺很奇怪，很難以置信。但是，我們只要開始去思考，究竟是什麼根源性的因素讓自我就是一個屬於真實存在的自我時，我們就會發現，沒有這種東西。自我像是很多不同的經驗、意識在某種因緣聚合中彙整而成，它不必然會成為現在這樣的狀態，也不必然會成為任何一種其他狀態，它在緣生緣滅中起伏、持續、變化，仰賴思緒與概念的作用，形成一個看似活生生的存在。如果我們可以不要持續把它當作是一個具有根源性的實際存在物，只將它看成一個偶然的存在，那麼，我們便會發現，在自我背後，原本我們以為有的那個支撐點消失了。透過這種「空觀」（從空性的角度觀看），可以發現自我以及萬事萬物的緣起性空本質。了解了這種本質，便有助於放下對自我的執著，也就同時能證悟空性。

我們為何會去執著無自性的存在？

那麼，我們試著來談下一個接續的問題。自我的執著又是什麼？為何我們會執著這個虛構的自我？

「對自我執著」，這句話的意思是說，我們把這個虛構的假我當作是真的。把一個不具有根源性的事物，當作一個實際存在的東西。而後還因為當真而帶來煩惱。舉例來說，假設某個人家境貧窮，覺得屬於他自己的那個「我」很丟臉，於是感到煩惱。然而，如果自我不是真的，那這個不是真的東西又怎麼會讓我們感到很丟臉呢？

就像禪宗六祖惠能所說：「菩提本無樹，明鏡亦非臺，本是無一物，何處惹塵埃。」如果我們用空觀的角度看自我，就會發現，沒有一樣東西可以被貼上「丟臉」的標籤。我們覺得丟臉的那樣東西是不存在的，它缺乏一個根源性的支撐點。我們可以簡單做一個小小的實驗，只要有辦法轉換思考角度，覺得貧窮不丟臉，那就真的不會有丟臉的感覺。這些觀念，不過只是因為某些緣起所造成的而已。

心念改變便無煩惱

可是這時或許有人會反問，「可是別人覺得我很丟臉啊！」那是因為別人也把屬於你的那個自我當作是真的，所以有此想法。但別人覺得我丟臉，就一定會起煩惱嗎？如果我們一樣用空觀來看，就會發現，別人覺得丟臉的那個東西其實不存在，既然如此，又有何煩惱呢？其實重點還是在個人如何看這件事物。

舉例來說，我穿鞋習慣先穿左腳再穿右腳。如果有人認為有這習慣的人最無恥、最卑鄙、最渣。那麼，我是否就會覺得很煩惱呢？答案是一點都不會，因為我一點都不認同這個觀點，無論別人怎麼說，我只會一笑置之。但一旦我認同了，那煩惱自然就升起了。諸如此類煩惱，只要心念改變了，煩惱就消失了。因為這些煩惱都不具有非煩惱不可的本質，也就是說，它們皆具空性，全都是緣起性空。

然而，這些例子屬於各種價值觀的層面，自我則是位於內在更內層的東西。如果可以把最根本的自我觀念也放下，那與自我相關的所有煩惱也就都一併無法再次煽風點火了。也就是說，一旦我們可以放下我執，不再把那個虛構的自我當真，就能免除大多數的煩惱。

解除煩惱的其中一項重點就在於如何啟動空觀，如何從空性的角度來看自我，以及最終證悟無我。前者是一種漸修的過程，轉換看待自我的方式，逐漸理解自我是空，慢慢減少我執。後者則比較像是頓悟的方式，直接看到無我，解除我執。前者可以運用思考能力慢慢改變，後者大概就沒有固定方法，需要透過靜坐內觀，名師協助，或是仰賴悟性了。

6

「一切皆空開啟了一切可能性」，這是真的嗎？

佛學裡「一切皆空」的說法，常讓人誤以為佛學主張世界的一切都是不存在的、什麼都沒有。然而，這樣的解讀也常被佛教人士反對。而且，許多佛教人士甚至主張，一切皆空不僅不是什麼都沒有，還是一切存在的可能。因為一切皆空，所以開啟了一切可能性。這說法聽起來好神奇，真有這種事嗎？這有可能嗎？

首先，先給一個簡單但或許有點輕率的答案：「真的，這是可能的。」那麼，我們來思考一下為什麼會有這種事，以及「一切皆空開啟了一切可能性」這句話到底在說些什麼？

因為「空」，便沒有限制，保留了一切可能性

「空」常常被解讀成「空無」。而「空無」常常被當作是虛幻、不真實，或甚至是什麼都沒有，就好像當我們說一個房間是空的，指的是這個房間裡什麼都沒有。用這樣的方式理解佛教的「空」字當然不太正確。

如果我們說「這個房間具有空性」意思不會是說這個房間裡什麼東西都沒有，而是表達「這個房間並不具有任何特質能讓這個房間非得是一個房間不可」。簡單的說，這個房間因為某些因緣聚合的條件，它成為一個房間。這些條件不僅包含了整個房間的物理構造、夠大又不過大的空間、能阻擋風雨，還包括了使用者對房間的需求、認知，以及使用方式，甚至還包括了與房間這個概念相關的文化背景等等。只要任何這些緣起條件改變了，房間就可能不再是一個房間。

舉例來說，我可以把一間被認定為房間的地方當作臥室、客廳、或是飯廳，也可以拿來當倉庫，這些用途的改變，還不至於讓我們改變認定它是一間房間的

態度。但在不同的因緣聚合條件下，它可能就不再是一個房間。例如，在用途上我把它變成一個水族箱、巨人的椅子、一顆滾動的空心大球等等，這些不同用途都會讓它不再是一間房間。

在認知上，當人類演化到不再需要房間這個東西時，例如，假設人類演化到可以完全適應野外生活，沒人要待在室內，而原本的建築全部變成玩遊戲的地方。這時，隨著不同遊戲的創造，房間的觀念將跟著改變，而原本房間這個觀念自然也就跟著消失了，或是成為歷史名詞。所有原本被稱為房間的東西，即使物理構造不變，全部都會在認知中變成別的東西。

從這裡也可看出，因為它具有空性，就沒有非要是一個房間不可的特質，反倒具備了無限的可能性。如果這個房間不具備空性，意思就是說，這個房間擁有自性，也就是具備有某個特質，這個特質讓它非得是個房間不可，這樣的情況就限縮了它其他潛在的可能性。這也是為什麼，空性不僅不是限制，反而開啟了一切可能性。然而，這個觀點對我們的生活有什麼啟發呢？對離苦得樂有幫助嗎？有的，而且幫助非常之大。

因為所有煩惱都是空，所以一切煩惱都可能變成其他東西

回想一下生活中「苦」的來源，例如生氣、自卑、恐懼、在意他人眼光等都會帶來苦、帶來煩惱。「一切皆空」的意思，就是這些所有會帶來苦、帶來煩惱的東西，全部都沒有一種讓這些東西非得要帶來苦、帶來煩惱不可的特質。也就是說，所有讓人覺得苦、感到煩惱的事情本身，並沒有非要如此不可的特質。我們可以透過自己的意念、智慧、甚至想像，轉化這些東西，改變某些緣起條件，讓它們不要帶來苦，也不要帶來煩惱。

例如，某一件事情讓我們感到生氣，但因為所有事物是空，我們便可以不要執著於這件讓我們生氣的事情，如果轉化成功，就可以不生氣，也就減少了煩惱。因為所有這些事物都是空，所以開啟了這樣的可能性。

而且，不僅如此，更進一步的說，因為一切皆空，同時也沒有讓這些會帶來煩惱的東西持續帶來煩惱的自性。舉例來說，生氣本身也是空，它也不是一個非要帶來煩惱的東西，所以，並不是說生氣就一定要避免不可，一樣可以生氣而沒

有煩惱。

簡單的說，你可以生氣、可以自卑、可以恐懼，也可以在意別人眼光，但是生活仍舊可以不苦、不煩惱。這些情感之所以會帶來苦，是在許多條件因緣聚合的情況下才產生的，裡面沒有任何必然性，你可以繼續擁有這些情感，但是卻依然遠離苦。只不過，你需要有能力與智慧找到那條悠遊自在的道路。

空性的知識只能告訴你，這樣的可能性是存在的，有一條路就在那裡。但不同的處境（也就是不同的因緣聚合）都有不同的應對方式，並沒有一條固定的公式可以簡單套用。然而，如果你擁有可以運用心眼看見空性的直觀能力，啟動空觀，那就有可能在每一個時刻裡，直接看見那條通道，無須尋找。

一切皆空的日常應用

針對日常生活中的應用來說，由於「一切皆空」的知識告訴我們，無論在任何情況下，你其實可以不生氣、不自卑、不恐懼、不要在意別人的眼光。因為沒有任何一種東西可以讓這些情感成為必然。如果發現自己做不到，那就表示自己還沒有看見該事物的空性，尚待努力去發現，去學習。

當然，一樣的，當你具備空性的知識，你只知道這些都沒有必然性。也就是在你生氣時，你知道至少存在有一條思路可以讓你不生氣；當你悲傷時，你知道至少存在一條思路可以讓你不再悲傷，但同樣需要去尋找。直到你具備了在任何情境下都可以看見空性的直觀能力，就自然可以看到那一條通往沒有生氣、沒有悲傷、沒有自卑、沒有恐懼、不在意他人眼光的生命道路。這樣的能力，還能不讓人離苦得樂嗎？

個人喜好、興趣、價值觀等也都是一樣的。在生活中，當你喜歡A卻只能獲得B時，常常都會帶來失望的感受。但是，因為一切皆空，你喜歡A這件事情並沒有任何必然性，在不同的因緣聚合下，你可以喜歡的是B。如果內心世界可以廣納各種因緣聚合的契機，感受無邊無盡的可能世界，任何情境都能帶來生命的喜悅。

因為空性，我們的內心更自由了。這個自由，可以讓你自在走向離苦得樂的生命型態，當然，你也可以不這麼做。空性的智慧開啟了無限可能性，但並不關閉原本的道路。

7 空性是否就是必要條件？

「空性」指的是無自性。而「自性」也常被解讀成「一件事物之所以是那件事物的最根本條件。」那麼，解釋空性時，我們常說，空性就是要否定存在有一件事物之所以是那件事物的最根本條件。這聽起來跟科學裡面談到的「充分必要條件」滿像的，我們是否可以就用充分必要條件來解讀自性呢？如果可以的話，那只要找到事物的充分必要條件，不就能找到事物的自性了？

什麼是「充分必要條件」？

首先，我們先來解釋一下什麼是「充分必要條件。」充分必要條件簡稱為「充要條件」，它是兩種條件組合而成，亦即「充分條件」與「必要條件」。

「充分條件」的意思是說，只要條件滿足就能成立。換句話說，假設A是B的充分條件，那麼，A成立了，B就一定成立。邏輯表達方式是A↓B（若A則B）。舉例來說，下大雨是馬路變濕的充分條件，只要下了大雨，馬路就會濕。或者，假設小明很愛吃糖果，只要有糖果吃就很開心，那麼我們也可以說，小明有糖果吃是小明開心的充分條件。古時候被判死刑的人會被殺頭，或是五馬分屍，無論是殺頭或是五馬分屍，都是死亡的充分條件，也就是說，被砍頭了就一定會死；被五馬分屍了，也一定會死。

「必要條件」的意思則是說，如果某件事物A是另一件事物B的必要條件，那麼，如果A沒有成立，B就一定不會成立，邏輯表達式為~A↓~B（若非A則非B）或是B↓A（B則A）也可以，這兩種表達方式在邏輯上是完全相同的。這裡需要稍微說明一下才比較好理解。舉例來說，水是人存活的必要條件，如果沒有水，人就不可能活下去（~A↓~B）。反過來說，只要人存活著了，那就表示一定有水的存在（B↓A）。

所以，充分必要條件的邏輯表達式為A↓B（若A則B，而且若B則A），意思是說只要任何一方成立，另一方就會跟著成立。那麼，充分必要條件是否可以說是「某樣事物之所以成為某樣事物」的最根本條件呢？

充分必要條件就是所謂的「自性」嗎？

舉例來說，燃燒的充分必要條件是「可燃物＋助燃物＋溫度到達燃點」，這是科學的充分必要條件。那麼，我們是否可以說，燃燒之所以為燃燒就是因為有「可燃物＋助燃物＋溫度到達燃點」呢？

這樣說其實怪怪的。因為燃燒之所以為燃燒，是燃燒這個現實本身，雖然在科學事實上，這三個條件成立時，確實一定會有燃燒現象的存在，而且缺一不可，但是，這三樣東西加起來要當作燃燒的自性，好像不太對。主要原因可能是這三樣東西沒有一個有燃燒的特質在。所以，從這個角度來說，自性並不適合用充分必要條件來理解。

燃燒的自性，應該就是一種屬於燃燒的本質，在直覺中，我們似乎可以把握到有這樣的東西，但仔細去分析、抽絲剝繭之後，又會發現好像找不到這樣的東西，那究竟有或是沒有呢？如果我們想像有個本質性的東西，讓燃燒之所以為燃燒，我們可能會想像一個像是火精靈的存在，它就是燃燒的自性。但是，如果我們暫時不要刻意去幻想這種屬於自性的東西，單純去觀察燃燒的生滅，就會發現這種自性其實只是我們的想像而已。

所有充分必要條件也是緣起性空

然而，換個角度來說，其實這個宇宙生成現在這個樣子也是因緣聚合的結果。也就是說，這個充分必要條件並不是非得要如此不可，如果這個宇宙生成時因緣條件不同了，出現燃燒現象的充分必要條件也就不同了，從這角度來說，這些充分必要條件其實也不是必然的。這也可能是為什麼用這個充分必要條件來理解自性還是覺得不太對的因素。

想像一下，如果宇宙生成目前樣子是必然的，是屬於宇宙的自性。那麼，這些呈現燃燒現象的充分必要條件也是必然的，在這種情況下，或許就比較能接受把這些充分必要條件當作燃燒的自性了。

「我」的充分必要條件是什麼？

那麼，我們來思考一下「我」這個觀念。「我」的充分必要條件是什麼呢？我之所以為我，有什麼是必然的東西嗎？這時我們會想到的應該是「靈魂」。因為有我的靈魂在這裡，所以我是我；如果沒有了我的靈魂，即使身體、行為等其他都不變，那我就不是我了。用靈魂這個充分必要條件來當作「我」的自性，好像就好很多了。至少讓我們在直覺上感到比較能夠接受。

然而，問題在於，「靈魂」是什麼？誰看見過「靈魂」了？誰能確定靈魂就剛好是我們所想像的那種東西呢？拿一個想像的東西來當作「我」的自性，不是很奇怪嗎？

但佛學不是相信靈魂輪迴嗎？既然如此，為何不可使用「靈魂」這個詞彙呢？這裡的問題在於，「靈魂」就算真的存在，也可能跟我們想像的不一樣。而且，我們心目中所想像的那個靈魂，可能只是為了滿足「我執」而虛構出來的東西。佛教相信輪迴，但這個用來輪迴的東西，卻未必就是我們心中想像的那個

「靈魂」。

以佛教的唯識學來說，傳遞輪迴的是一種稱為「阿賴耶識」的東西，它不屬於在我們意識中可以觀察的領域，它承接業力，並讓意識延續，不是我們平常理解的有情感、有思維、有記憶的那種靈魂。

我們平常想像的靈魂，像是一個具有根源性的存在，這實際上不符合一切皆空的主張。這種想像會讓靈魂變成了一個具有自性的東西，而且還能當作「我」的自性。這反而違背了佛學最基本的主張了。

從空觀來說，用來輪迴的那個靈魂即使存在，也一樣不具有自性，它一樣是因緣聚合的產物，在眾多意識連續湧現的過程中，所呈現出來的一種像是有自性的存在，但實際上一樣是緣起性空，無法作為「我」的自性。所以，從這幾個例子來看，用充分必要條件的方式來看自性是不適當的。

8 《心經》說：「空中無……無……無……。」那究竟有什麼？

著名的《心經》全名為《般若波羅蜜多心經》。「般若」是智慧的意思，「波羅蜜」則是前往彼岸，亦即通往離苦得樂的途徑。我們可以把這個名稱解讀成：經由智慧的路線，到達離苦得樂目標的心法。

在經文中，有一段敘述很有意思：「……是故空中無色，無受、想、行、識；無眼、耳、鼻、舌、身、意；無色、聲、香、味、觸、法；無眼界，乃至無意識界；無無明，亦無無明盡；乃至無老死，亦無老死盡。無苦、集、滅、道，無智亦無得，以無所得故。……」

「空中」指的是在空觀的視域裡

這裡起頭的「空中無」的「空」字並不是指空氣、天空、空間，而是「空觀」，也就是緣起性空的觀點。從緣起性空的觀點來看一切，便會發現我們原本以為「有」的東西，實際上都不是真的。這個有，不僅包含各種物體，還包括了我們前面講到的所有煩惱、產生煩惱的各種因緣、解決煩惱的各種想法，甚至也可以把佛學包含進去（說不定也有人因為學佛學遇到困難而感到煩惱）。

要理解這點，可以做這樣的想像。假設兩個人坐在山頂上觀看世界，各有各的觀點，像是一人說遠方一輛車飛快地行駛，揚起一片沙塵；另一人則說，那是一隻大鵬鳥掠過灑下的汗水，兩人爭論孰對孰錯。後來，為了證實到底誰是對的，就戴起了真相的眼鏡，這個眼鏡就叫做「空觀」，也就是從緣起性空的角度映照世界。這時，他們發現，原來他們所見的這些事物都不存在，都只是山上的雲氣因緣聚合而生的假象。也就是說，當我們運用空觀看世界，便會發現一切「有」，就如雲海流動所呈現的各種假象一般，全部都不是真的，所以《心經》

說，在空觀中，這些都是不存在的。

在空觀中，有什麼？

那麼，我們好奇想問一下，空中有什麼呢？以白雲來比喻好了，那總該有雲吧！就算雲也是假象，那也該有水蒸氣吧！不管怎樣，這些假的事物背後難道沒有成因？既然是因緣聚合而成，那這些藉由因緣所聚合的材料是什麼呢？難道這一切都是無中生有？

要回答這個問題老實說還挺難的。但難的地方不在於其空觀，而在於我們習慣性的認知中有很多習慣性的思考阻礙著我們的理解。

空觀，談的是「無自性」。也就是任何事物都沒有自性，也就是一切事物皆具空性的意思。所以當我們說「空中無……」的時候，意思也是在空觀中這些事物由於都不具有自性，所以可以說它們都不是真實存在的，都是假的，但這並不是說什麼東西都沒有，並不排除有些東西在那邊，只不過它們的存在不是依據其自性的存在，因為佛學（至少從認知的角度來說）認為沒有這樣的東西。

那有什麼呢？麻煩的地方在於，你不能說出任何名稱來，因為只要說出任何名稱，它就會變成一種自性的存在，也就會變成是假的了。重點在於，為何不可以說出名稱？

當然，這裡談的「說出名稱」並不是說不可以發出聲音，好像只要不說出口就行了。不是這樣的，只有在心中想想也不行。那麼，只要心中不要想那樣東西就行了嗎？其實也不是，用一個比較哲學的方式來講，就是不能把一樣東西「概念化」。只要概念化了一樣東西，即使在心中，它就變成假的了。好，另一個重點來了，下一個問題是，什麼叫做「概念化」？

「概念」是思考的基本單位，也是無明的起源

「概念」是個很難解釋的東西。它之所以很難解釋，並不是因為它很複雜，而是因為它太過簡單，簡單到我們太習以為常，很難再往內走到一個沒有概念的世界。當我們無法脫離一個習慣的思考背景時，就永遠看不見這個背景，就像深海中的魚類永遠無法理解什麼是大海一樣，最大的阻礙在於它無法了解沒有大海

是一種什麼樣的狀態，唯有某一天無意間跳出海面，它才終於能了解什麼是大海。

在日常生活中，我們吸收各式各樣的訊息，這些訊息原本應該是雜亂無章、無從理解的，我們將這些訊息彙整後，產生了解讀，便可以理解萬事萬物。然而，訊息本身沒有什麼雜亂不雜亂的問題，那是我們經過認知的加工之後，把加工後的東西當作有秩序，才會說原本的訊息雜亂無章。那其實就是它的原本狀態，沒有什麼雜不雜亂的問題，而是一個尚未受到各種認知作用入侵的心靈世界。

彙整這些原始訊息的第一個步驟，就叫做「概念化」。就是當我們可以叫出各種存在事物的名稱時，就是概念化的結果。在這些訊息被彙整成概念之前，它們並不具有任何自性，或說它們並不受任何思考的侷限，沒有任何一定要如何的性質，它們是隨時隨地可以隨著自由的心一起翱翔的無自性存在。

概念化之後，各種觀念、解讀、價值判斷等等隨之升起，也就同時導致了各種無明煩惱。所以，我們可以試著回到概念前的原始世界，其實也就是啟動空觀，返回原始的認知，那就是真實的世界。如果要問那裡「有」什麼？最簡單的回答是，什麼都有，也什麼都沒有。

什麼都有，指的是它是一切觀念緣起的開端，它能組合成任何事物；什麼都沒有，意思是它什麼都還沒形成，沒有任何可以被叫出名字的存在。或許，我們可以套用西方哲學家亞里斯多德的說法，那是一個屬於潛能的心靈世界，保有著一切可能性。也因為這是一個緣起性空的世界，所以，仍持續保有著所有的可能性。一旦我們的思考製造出任何自性，心靈就開始遠離自由自在的境地，產生的自性越多，束縛就越多，而這些束縛帶來無明，也帶來煩惱。

於是，《心經》告訴我們，想要藉由智慧通往離苦得樂的彼岸，那就返回空觀，重新認識這個緣起性空的世界，就能擺脫一切煩惱。

9 佛教的終極人生意義就是「離苦得樂」嗎？

我們常說，佛教的根本目的在於離苦得樂。那是因為佛教的起源在於「感覺人生很苦」，因此尋找苦的源頭，尋求解脫之道。所以，「成佛」，是學佛的終點，而成佛就是獲得終極的覺悟，這樣的覺悟讓我們徹底從苦解脫出來。從這角度來說，佛教的終極人生意義就是成佛，也就是獲得終極的離苦得樂，這個說法應該是沒什麼問題的。

換個角度來看，如果把這種終極解脫當作是最大的快樂，那麼，佛學也可以說是一種主張人生意義在於追求最大快樂的觀點。這個說法看起來也應該是沒問題的，然而，只要談到任何觀點跟「人生意義是在追尋快樂」的主張類似，都會碰上「經驗機器」思想實驗的挑戰。

這個思想實驗是一個哲學論證，它的主張是「任何經驗（包括任何一種快樂）都不會是人生的意義。」很明顯的，這個論證會直接挑戰這種主張人生意義在於追求離苦得樂的佛學思想。

經驗機器論證主張人生的意義絕對不是任何經驗

這個論證是由當代美國哲學家諾奇克（Robert Nozick, 1938-2002）所提出，提出後引起哲學界廣大的迴響與深思。首先，需要做個思想實驗。所謂「思想實驗」，是用想像做實驗。這和一般實際動手做的實驗不同，雖然也叫實驗，但可信度當然沒有真正的實驗這麼好，但也有一定的參考價值。

舉例來說，被針刺到鼻子和刺到眼睛那個比較痛？大多數人都沒有這些經驗，也不願意做這樣的實驗，但只要動動腦、想一想，就會認為刺到眼睛比較痛。這種用想像去做實驗並且得出實驗結果的做法，就叫做思想實驗。好！那麼，我們現在來做經驗機器的思想實驗。

假設你的面前有部機器，這部機器可以製造所有可能的經驗，讓你體驗各式各樣的感覺，甚至各式各樣的人生經歷，就像進入全感官經驗的虛擬世界一般，而且假設很逼真，和真實世界沒什麼差別。那麼，如果你的內心有個理想人生型態，你可以把這樣的理想人生輸入到機器裡面，然後走進機器，後半生就在機器裡度過，不要再出來了。讓設計好的最完美人生成為你的下半生。

而且，更重要的是，經驗機器會讓你忘記曾經走進機器這件事，也會忘記曾經如何設計你的後半生。所以，對你而言，未來一切都是驚喜，你會以為這是真實人生，美好、快樂，直到生命終了。也就是說，你的後半生，就是以你的最理想生命型態度過，這聽起來不錯吧！

那麼，要運用想像力做實驗的問題來了，如果機器現在就在你的面前，而且你已經想好了最理想的後半生，也輸入到機器裡了，請做一個抉擇，你是否願意現在就進入機器裡，再也不出來了呢？

當然，我們可能會擔心機器故障，吃飯或是費用的問題。但在這個思想實驗中，我們假設都沒有這些問題，機器不會故障，維生系統沒有問題，不用花費任何金錢。

這個思想實驗的有趣之處在於，雖然一開始大家都覺得這太棒了，摩拳擦掌、躍躍欲試，嚮往已久的理想生命、滿足各種願望，全部都只剩一步之遙。然而，這時內心卻會有一股莫名的阻力，不願踏出這最後一步。再經過審慎思考，總覺得應該把一些事情完成後才進去，想著想著，牽掛越來越多，最後，大多數人卻都不願意進去了。為什麼會這樣呢？

不願走向心目中最美好人生的理由

理由大抵上有兩個，第一個是覺得自己尚未盡完某些責任，不能一走了之。第二，也可能是最重要的，就是那個完美人生其實是假的。雖然進去後就像真的一樣，但進去前知道那是假的，這個想法讓人裹足不前。

責任有這麼重要嗎？真假有這麼重要嗎？為什麼在可以獲得心中一直以來渴望的最理想人生面前，我們卻選擇放棄？最簡單的回答是：我們內心可能有一種直覺，這個直覺指向我們內心深處真正最渴望的目標。而且，很明顯的，這個目標並不是單純只是獲得快樂，也不是任何經驗，無法用虛擬的東西所取代，而是人生裡有其他更重要的、更值得追求的事物。否則，如果內心的感受就是一切，那麼，進入經驗機器不就正好符合我們的人生目標，照理說大家應該會覺得這樣就了無遺憾才對。

藉由經驗機器的實驗結果，我們傾向於認為，如果人生有意義，那麼，這個直覺指向的東西才是真正的人生意義，這跟我們平時自以為的夢想差異可能很大，所以，經驗機器論證主張，人生的目的不是任何經驗，因為所有經驗都可以被經驗機器實現。由於不管哪一種快樂，都屬於經驗，那麼，這論證也同時可以用來主張，任何一種快樂都不是人生的意義。

佛學如何面對經驗機器論證的挑戰

如果把離苦得樂當作是佛學的最終目標，那麼，佛學是否會遭遇到經驗機器論證的挑戰呢？

如果只考慮此生的話，那是一定會的。想像一下，如果我已經沒有煩惱，而且覺得很快樂了，那我還學佛做什麼呢？也就是說，我只要進入經驗機器裡就離苦得樂了，何必這麼辛苦學佛？

但如果把佛教信仰中的輪迴等觀點放進來，那就比較沒有問題了。因為經驗機器僅限此生，無法照顧到來生，而且成佛也不僅僅照顧到此生的經驗而已。

然而，我們可以擴大經驗機器的思想實驗，假設西方極樂世界的科學家也發明了經驗機器，可以讓人待在裡面不再輪迴，直到生生世世永遠不再出來，不用修行成佛就可以獲得完全離苦得樂的經驗。在這種情況下，假設自己是身在西方極樂世界的修行人，是否會想進入機器裡呢？雖然這樣的想像更遙遠了，但答案好像也是：「不會。」人的內心深處，似乎仍舊訴說著某些不滿，不想要虛假的東西，渴望著比離苦得樂還更重要的東西。如果這真是大多數人的想法，那麼，或許離苦得樂其實只是我們追求成佛的表面理由。真正的動力，其實還沉睡在意識深處的某個隱蔽角落，不易被發現。

佛學的人生意義為何？

佛學的人生意義如果不僅僅是離苦得樂，那還會是什麼呢？讓我們還是回到佛學的根本觀點，緣起性空。如果要談人生意義，那麼，我們可以說，「人生意義也是緣起性空。」這是什麼意思呢？

意思應該是說，「人生意義」這個觀念並沒有屬於它的自性，也就是說，並沒有一個可以說出來的東西就是人生意義的核心觀念。意思是人生沒有意義嗎？這樣理解也不太好。而且我們實際上也可以說，「人生沒有意義」同樣是空。這意思是說，並不存在有什麼可以當作人生無意義這個主張的根基。不管人生有意義或是無意義，都在緣起性空之中。

這些名詞用這種方式堆積起來想要理解大概很困難。我認為，針對人生意義這個問題，比較好的回答是，依據佛學緣起性空的觀點，並沒有一個可以說得出來、必然的、確定的人生意義。然而，說人生沒有意義也是錯的。聰明的人聽到這裡，大概會立刻警覺到一個問題，這不就違背了邏輯三大定律中的「排中律」了嗎？

所謂邏輯三大定律指的是「同一律」（一樣事物邏輯上等同於它自己，邏輯式表達為**P↔P**）、「矛盾律」（一件事物與其反面不可能同時成立，邏輯式表達為～（P&～P），以及「排中律」（一件事物與其反面不可能同時不成立，邏輯式表達為P∨～P）。

以排中律來談人生是否有意義的問題可以得出，「人生有意義和人生無意義至少有一方是對的，不可能兩者都錯。」但從緣起性空的角度來說，卻認為兩者都是錯的，這不就違背了排中律了嗎？如果佛學是正確的，難道作為支持邏輯的基本定律是錯的？

解開這個衝突的關鍵點在於，「問題本身是錯的。」精確地說，在我們理解一個問題的背後所預設的那個框架製造出這個問題。舉例來講，假設有個正在學習顏色的小朋友指著一個介於橘色與黃色之間的顏色問我，「這是黃色嗎？」這時我會有點困惑，我不能說，「是的，這是黃色。」因為當我們說一個東西是黃色時，通常不會是這樣的顏色。但假設他問我，「這不是黃色嗎？」這一樣讓人感到困擾，我也不會否認它其實可以算是一種黃色。那麼，「是黃色」與「不是黃色」都不對，這不是也違背了排中律嗎？

這其實也像是戀愛中的人自問，「我究竟愛他或是不愛他呢？」常見的一個回答是，「我好像並不是愛他，但也不是不愛他。」那究竟是什麼？這不是也違背了排中律？

這問題出在於，在問題被理解的那個預設框架中，要肯定的東西以及要否定的東西，其實內容是不同的。既然內容不同，就無法用P∨~P（一件事物與其反面不可能同時不成立）這樣的邏輯式來表達。也就是說，要肯定的東西以及要否定的東西，其實並不算是同一件事物（那就不能用同一個符號P來表達）。

以上面的例子來說，只要把「什麼叫作黃色」以及「什麼叫作愛」，做一個更明確的定義，或給出一個明確的標準，就不會有違背排中律的問題了。例如，如果定義「標準黃色才叫做黃色」，那麼，我們便可以很簡單回答，那個顏色不是黃色。

再以實例來說，如果有人問我，「你是善良無私的人嗎？」我會說，我不能算是善良無私的人，因為我有時也很難超越我的私心，但是我也不能認同說我不是善良無私的人，因為我做的決定也常常是善良無私的。這種狀況也看似違背了排中律，但實際上並沒有真正違背邏輯，因為兩者背後的語意其實是含糊的，表達了不同的意思。

從佛學的角度來說，人生是可以有意義的，但是並不是那種具有自性觀點下的意義，而是在因緣聚合的空觀之下，才能夠看見的意義。由於當我們說人生有意義時，通常指的是一種屬於自性存在的意義，但在這種意含之下，佛學是主張人生無意義的，所以，這只是語言文字的混淆所帶來的困惑而已。

然而，這種屬於無自性的人生意義又是什麼呢？很麻煩的一點在於，只要是屬於空性的東西，都無法用語言明確表達。也就是說，這需要我們回到自己的內心世界去尋找一種無法說出，又緣生緣滅的東西，這東西才可能會是佛學裡的人生意義。

10 「業力」是什麼？如何運作？

「善有善報，惡有惡報。」這是一般佛教徒通俗的業報觀，但這個觀點其實跟佛學不太吻合。至少從空性的角度來說，這種業報觀很有問題，因為善與惡其實不易簡單做出區別，也不是絕對的，越明確的善惡觀，其實就是越強的執著，任何善惡事件的背後其實都有著很模糊的解讀空間。

舉例來說，一個富人到酒吧喝酒，看見一個聰明伶俐的小孩和父親一起幫人擦皮鞋，賺取一點工資。富人覺得這對小孩來說太沒有成長空間了，而且覺得父子都是善良好人，想幫助他們，於是給了父親一筆錢，要他讓小孩去唸書。父親答應了，也照做了。那麼，富人是否做了一件善事呢？看起來似乎是，但問題在於，小孩跟著善良的父親受到良好的身教，但到了學校卻交到壞朋友，跟著朋友們做壞事，吸毒，加入黑幫，最後被抓進牢裡。那麼，我們再次評估富人的舉動，究竟是善、還是惡？他應該得到善報、還是惡報？

善報惡報是以動機為基準？

或許我們會說動機最重要，由於富人所作所為是心存善念，所以富人還是做了一件善事，也應得到善報，小孩自己必須為其不良後果負責

這聽起來滿合理的，但果真如此嗎？我們再來看另一個例子。有個工作認真的上班族去參加社交聚餐，原本他不打算喝酒，但為了公司的營運，以及為了家人的幸福，不得已只好跟著喝了一些，想說待會不開車，就坐計程車回去就好了。這應該沒問題吧！但場面熱鬧，為了公司的社交著想卻越喝越多，在酒醉的茫然中，忘了應該要搭計程車，也沒人發現提醒他，於是習慣性地開車回家，結果酒駕車禍撞死了人。他從頭到尾都只有好的動機，心存善念，沒有任何壞心，也絕無害人之心，那麼，他該有什麼善報呢？

我們會發現，不管從動機來看，或從結果來看，都可能導致奇怪的結果。如

果兩邊都看，那更可能導致又善又惡的矛盾狀態。

除此之外，這種通俗的業報觀也容易導出荒謬的結果。例如，A先生殺了B先生，那是因為上輩子B先生殺了A先生所導致，這叫一報還一報。若真是如此，那A先生也實在太倒楣了，上輩子被殺，這輩子還要淪為殺人犯，這也太不合理了。所以，善與惡，有時並沒有這麼容易分別，要用善惡的觀點來談業報，並不是很適合。

業力來自於無明

佛經談十二因緣，十二因緣可以算是對業力運作的解釋。整個十二因緣的業的起源，叫做「無明」，意思是說，缺乏看見真相的智慧。它也稱為「無始無明」，意思是說，這種無明，是沒有開始的，它原本就是如此，每個人都帶著無明生存在這個世界上，並沒有一個開始。（關於什麼叫做「沒有開始」，這當然是個很令人困惑的名詞，但我們暫且先不追究這個問題。）

在十二因緣中，無明之後稱之為「行」，也就是依據無明之後的作為，開始跨出錯誤的第一步。之後各種意識、感官、慾望、想法等等，都在第一步錯誤之後產生業力的作用。用比喻來說，如果我們在鄉間小路沿著正確的道路騎著腳踏車，那完全沒有問題，可以沿路瀏覽周遭美景，感受山野壯麗，美好自在。這是沒有業力作用的舒坦人生，也是佛的生命狀態。

然而，無明讓我們看不清正確的道路，迷惘中，我們騎錯了路，騎上草地，不僅路不好走，還破壞環境，受人指責；或是騎上了河堤，吃力爬坡，又快速下坡滑落，導致摔車受傷；或是騎進了沼澤，寸步難行，這些因為無明而產生的經歷與後果，就是業報。騎到不同的路上，象徵著不同的無明與抉擇，因而導致各種不良後果，這些業報可以告訴我們，「我們正走在錯誤的道路上。」所以，需要反思究竟在哪一個地方，我們進入了無明，把它找出來，化解它，返回佛陀眼中的「中道」（正確途徑）。

而且，在迷途中，就算突然覺醒，看清了道路，也無法突然返回原本正確的路上，還是必須一步一步的走回去，承受最後這一段業報作用，但即使如此，仍甘之如飴。所以，並不是悟了道、看見無明，業力就消失了，就算承受業報，也未必是痛苦與煩惱的。

從這角度來說，業報並不是處罰，而是讓我們尋找正確道路的線索。藉由業的作用，讓我們回頭反思，究竟在那個點上，是那無明的作用而走錯路了呢？

無明並非真實存在的東西

然而，《心經》卻說「無無明」，這也是從空觀的角度來說的，無明也是空，這可以有好幾種不同的解讀。我認為這幾種解讀應該都是對的。第一，這是指無明並不是必然的，也就是說，無明其實是可以克服的。克服了，就沒有無明了。

第二，無明其實只是個虛假的東西。它有點像是一種幻覺一樣的存在，這種幻覺，從無始以來就一直存在，造出各式各樣的觀點，也創造出善與惡、對與錯的分別，甚至無業與有業的分別，以及佛與凡人的分別。如果有一天，當我們放下這個虛幻的東西，那就返回到圓滿狀態，而且這種圓滿並不是一種新的東西，它與不圓滿沒有差異，與陷入無明也沒有差異，是一種無法用語言描述的意境，因為一切語言都是無明之後的產物，都是業的作用。

11 為何佛學特別強調「忍辱」？「忍辱」的意義是什麼？

很多哲學、宗教都很強調各種德行，像是善良、勇敢、智慧、節制、謙卑等等。但除了佛學之外，很少有特別強調「忍辱」的。雖然「忍耐」也常常受到各種東西方文化的重視，但所謂的忍耐，目的經常是為了鍛鍊強大的心智力量，以便能面對更大的挑戰，或是「小不忍則亂大謀」的含意，為了達成某個目的，不得已只好忍耐。然而，這種謀略式的思維比較不適用於佛學，而且佛學特別強調的忍辱在心態上，以及目的上也和其他文化所強調的「忍耐」差異很大。佛學裡，「忍辱」本身就是一項重要的修行，目的在於去除我執。

從六度波羅密去除我執

在佛學修行中，有所謂的「六波羅密」，也稱「六度」或「六度波羅密」。「波羅密」可以理解成「解脫、前往彼岸的訣竅或是方法、途徑」。簡單的說，就是通往離苦得樂彼岸的六個重要的方式，或說是讓心靈轉變、進化、解脫的六種途徑。分別是，布施、持戒、忍辱、精進、禪定、般若。

人們常常聽聞的，像是咒語一般，也是在《心經》裡所強調的「般若波羅密」就是其中一項，意思是藉由般若智慧的途徑前往離苦得樂的彼岸。這條路徑其實也就是培養緣起性空的智慧，而忍辱也是並列的其中一項。這六項之所以能讓我們通往離苦得樂的彼岸，關鍵在於它們都能協助我們達成佛學修行的最重要目標，也就是去除我執。

那麼，我們來看看這些波羅密如何協助我們去除我執。首先，「布施」可以培養慈悲心，而之前討論過，慈悲心可以擴展心的領域，協助我們走出那個執著中的自我。第二，「持戒」需要克服內在的個人喜好，用意志克服慾望，不遵循那個我執中的「我」的意願，也有助於我們脫離我執。而第四個，「精進」則是不停滯於現有的成果，無論目前修行成效如何，都繼續尋找仍舊陷入我執的各種線索，並且朝向徹底破除我執前進。而最後兩個，「禪定」與「智慧」就更不用說了，禪定讓我們更容易看見無我，智慧讓我們洞悉自性空，都能協助我們去除我執。這幾項大概都滿容易理解其功效的。但第三項的「忍辱」呢？為何佛學特別強調忍辱？忍辱的意義是什麼？如何有助於我們去除我執？

忍辱是一件很難的修行

在最初的佛教傳統上，僧侶必須托缽討飯吃，這其實就是一種忍辱的修行。因為這個行為在一般社會價值觀中，是個比較低下的行為，必須放下個人尊嚴，若遇到善意對待的布施者還好，但總會遇到惡言相向的人，有時還會吃閉門羹，有時甚至會被嘲笑怒罵，這時就得忍辱。忍辱實在是一件很不舒服的事情。

現代僧侶大多不須托缽了，就算在街上托缽，也大多是很有尊嚴的站在那裡。尤其在台灣以及許多其他地方，僧侶的地位很高，受到大家的尊重，所以也不常有需要忍辱的時候。但不管是誰，無論出家或在家修行，其實都一定會遇到不被尊重，甚至遭受歧視的時刻，這個時刻，就是學習忍辱的時機。例如，在職場上遇到不體恤下屬的上司，言談之間很容易感受到不被尊重，甚至遭受嘲笑怒罵之類的，在這種情況下，只要沒有什麼嚴重問題，忍耐常常是最好的方法。然而，這種忍耐是為了未來著想，並不是忍耐本身有什麼特別的價值。

問題在於，忍辱的價值與意義為何？這麼難受的事情，忍的目的是什麼？只是要訓練一顆強韌的心嗎？為何不去化解，當作培養智慧的契機，或是去指正他人的不當言行，為社會教育盡一份心力？

當然，培養智慧和教育他人都沒有什麼不好，只要方法得宜也沒有不對，但這裡要特別強調的，是忍辱的價值。從學佛角度來說，這種需要忍辱的時刻，反而是個很好的修行時機，藉由忍辱的跳板，我們前往光明的彼岸。這也是為什麼有人會說，要感謝那些欺侮你的人，因為要不是他們，你也沒有這麼好的修行契機。

忍辱在整個去除我執的過程中，扮演著非常重要的角色。簡單的說，忍辱其實就是直接在做去除我執的修行。那麼，為什麼忍辱可以去除我執呢？

忍辱是最直接去除我執的修行

首先，我們思考一下，為什麼會感受到「辱」？要產生「辱」的感覺，先決條件是要有一種觀念，「別人應該如何對待我。」當別人沒有這麼做，感受到某個東西不被尊重，受到歧視，或是心裡受到傷害，這時就會出現「受辱」的感覺。而這些先決條件，全部加起來，其實就是我執的作用。

簡單的說，如果沒有我執，就不可能會有「辱」的感受，也就沒有什麼東西要「忍」了。所以，當我們有了受辱的感受，去忍耐，這樣的行為就是在挑戰內心既存的我執，受到的屈辱越大，越難忍受，挑戰我執的力量就越大。等到我們內心可以忽視這些屈辱時，我執也就降低甚至消失了，相反的，越常會感到不受尊重，或感受到受辱，也可能代表著內在我執的嚴重性越大。

在六波羅密中，無論是布施、持戒、精進、禪定、般若，可以說都是一種迂迴的方式在去除我執，而忍辱則是直接從內心深處面對我執，挑戰它，破除它。

由於破除我執是佛學和其他東西方哲學、宗教很不一樣的部分，因此，佛學特別重視其他哲學與宗教較不這麼重視的忍辱也就不奇怪了。

12 「緣起性空」是否是一種哲學理論？學習哲學是否有助於了解它？

常常有人在問，佛學究竟是不是一門哲學呢？甚至也有人主張，中華文化傳統裡並沒有哲學。真的是這樣嗎？要回答這類問題，首先要了解一下，什麼是哲學？以及什麼樣的理論可以被稱為哲學理論？

哲學的最主要特點在於論理

很多不了解哲學的人以為只要談論人生就是在談哲學，從這個標準來說，佛學與中國許多哲學像是儒學與老莊思想都理所當然是哲學，但很可惜的，這個標準並不適用。哲學的主要特點，並不在於談論什麼內容，而在於談論的方法。所以，無論談論什麼，都可以是哲學，也都可以不是哲學，端看如何去談它。

最典型的哲學思考方法在於論理，也就是從合理性的角度，針對問題提出解答。從這個標準來說，由於佛學與中國哲學都在某些部分上有類似的討論，所以，可以說佛學與中國哲學在某些想法上，符合哲學的標準。然而，整體上來看，佛學與中國哲學（尤其針對最主要的儒學與老莊思想來說）並不是以論理為主要依據，而是以體悟的內容作為最根本的思想核心，從這角度來說，它們其實不太算是典型的哲學。所以，依據這樣的標準，要主張佛學與中國哲學都不是哲學，也是合理的。

不過，這只是定義的問題。不符合典型哲學的定義，並不是對這些理論的否定，不是說這些理論不好，也不是說這些理論沒有價值，只是說它們跟哲學不太一樣而已。其實，如果依據這種嚴格的界定，某些西方哲學也都可能會被排除，像是強調道德實踐的斯多葛主義、中世紀時期的神秘主義，以及現代的現象學或存在主義，在某些面向上，其實沒有這麼強調論理，也相當大程度依賴著內在直觀，作為理論的依據。

所以，如果可以把標準稍微放寬，把個人體悟所獲得的某些內心直觀也放進來，當作一個基本預設，再藉此發展整個理論體系，那麼，許多類別的中國哲學與佛學思想就都能夠被認同為一種哲學了。當許多人主張佛學與中國哲學也算是一種哲學時，通常是依據這樣的定義，而這樣的說法也是合理的。

也就是說，佛學究竟是不是哲學，以及中國是否有哲學，這些只是定義的問題，看我們如何定義「哲學」這個詞彙。而前述兩種定義，都是合理的定義，因此，我認為這些問題是比較不重要的。

相反的，比較重要的問題在於，這種依據內在體悟的哲學是否有價值呢？這個問題反而更簡單，「當然有價值。」雖然，這些理論的客觀說服力可能比純粹客觀論理的主張低一點，因為我們不太容易彼此溝通這些內在體悟，但是，針對許多問題，還真的必須從這條路去探索才能獲得更有建設性的解答。否則，尤其關於生命意義等相關問題，排除了人的內在體悟，便很難繼續探索下去了。

學習哲學對學習佛學的幫助

另一個也很重要的問題在於，學習西方哲學，是否有利於學習佛學呢？這個問題的解答相當有趣。用一個小故事來比喻，假設有兩個分別稱為「阿東」與「小西」的部落共同面對一座大山，阿東酋長主張這山裡面沒有可以提供食物的果樹，想要找食物必須到其他山裡，但小西酋長卻主張這座山裡一定有食物。相信阿東酋長的人會直接接受阿東的說法，不去那座山裡尋找，但相信小西酋長的人還是會到那座山裡尋找食物。

過了一段時間，假設相信小西酋長的人雖然還沒踏遍山裡的每個角落，但仍完全找不到任何食物。在這種情況下，究竟是一開始相信小西酋長而去尋找卻找不到的人比較相信那座山裡沒食物，還是一開始就選擇相信阿東酋長而不去尋找的人比較相信呢？

我認為，不管誰比較相信，至少兩種人的信念是不太一樣的。經過搜尋後的信念，比起未曾搜尋過的信念，顯然更能經得起考驗，更扎實。我想，這個差異可以說是在學習西方哲學後對學習佛學的幫助，因為，佛學主張緣起性空，而西方哲學其實在任何方面都一直預設有所謂的自性，或稱之為本質、根源、基礎，且一直在嘗試尋找或是建立這樣的東西。

簡單的說，西方哲學傳統可以說是一種假設自性存在並且去尋找自性的哲學，這種哲學感覺上和佛學的緣起性空剛好相反，但是，卻很可能是去了解緣起性空的有利方式。為什麼呢？因為幾千年來，無論在哪個領域，西方哲學都無法成功找到可以完全依賴的自性。

例如，在倫理學方面，哲學家們一直在尋找作為道德基礎的東西，這個東西就可以稱為道德的自性，但是，實際上每一個理論都無法找到那個真正能夠作為基礎而沒有例外的東西。而在知識論方面，想要尋找建構起知識的根基，即所謂的基礎知識，一樣是難上加難，最後整個關於基礎知識的理論被推翻，形成了沒有基礎知識的理論，就像宣告知識並沒有自性一樣。

當讀哲學的人好好地這麼走過一遭，內心反而會強烈升起一股「沒有自性」的感受，這個感受讓我們更能體會緣起性空的真意。我想，這是學習西方哲學對把握緣起性空方面最大的助益。

13 佛學如何思考善惡問題？

任何宗教都要人行善去惡，聽起來宗旨都一樣，但做起來卻有很大的差異。因為，不同宗教、甚至同宗教的不同派別，都有著不一樣的善惡觀，而且有時天差地遠。

舉例來說，拜佛對佛教徒來說是一件好事，但對基督徒來說，卻可能認定為崇拜偶像的惡事。而對大多數佛教宗派來說，必須禮敬佛像，但禪門公案裡卻有故意燒毀佛像的故事，甚至當代舉世知名、受眾人景仰的一行禪師還寫了一本《見佛殺佛》的書。雖然書中主旨是要人放下佛這個觀念，才能真正接近佛、體悟佛，但有些佛教人士認為就算這樣也不該用這個感覺上對佛不敬的名稱。究竟何者為善？何者為惡？有時充滿了爭議，需要深思。

倫理學是一門研究善惡的學問

在哲學裡，探討善惡的相關理論，都稱之為「倫理學」，或也稱為「道德哲學」。道德哲學討論善與惡，並且追問背後的理由，為何這是善、那是惡？理由是什麼？支持它們的理論基礎又是什麼？

舉例來說，在倫理學領域被應用最廣的兩大派別稱之為「義務論」和「效益論」。「義務論」主張行為的動機是判斷善惡的最根本基礎，依循善念則為善、依循惡念則為惡。聽起來很有道理，大多數時候也都適用，但有時我們會看到社會上許多人由於知識不足，或是思考錯誤，即使用意良善，卻造成他人不幸，難道這可以稱之為善嗎？舉例來說，社會上曾經發生過一個悲劇，老翁看著妻子長年生病受苦，無法治癒，於心不忍，便殺了她，希望她早日解脫。老翁的行為發自善念，發自不忍心看見他人受苦之心，但卻造成他人死亡的後果，這如何可以稱之為善呢？

所以，反對這種以動機作為善惡判定基礎的「效益論」便主張，要看一個行為的善惡，就要看這個行為導致了什麼樣的效益。簡單的說，就是從行為導致的各種實質後果來判定善惡，如果好效益大於壞效益，就是善。以老翁的例子來說，他的行為導致他人死亡，由於他人死亡的惡大於使其解脫痛苦的善，所以整體來說，這是不好的效益，所以他的行為便會被判定為惡。

這樣聽起來，效益論似乎比義務論更好，但實際上卻未必。例如，如果有人心存惡念到街上隨機殺人，五個人慘遭殺害，這應該是非常大的惡了吧！但很巧合的，其中一個死者是個自殺炸彈客，而且正好要到人群聚集的廣場製造恐怖活動，一旦成功，將有數百人喪生。由於隨機殺人犯的行為解救了數百個人，雖然殺了五個人是惡的效益，但救了數百人卻是更大的善的效益，因此，我們便可判定這個隨機殺人行為是一件善事。得出這種結論，是否會覺得太荒謬了呢？

所以，很明顯的，這兩大學派雖然都有適用的時候，但也都有例外的時候。這時有人或許會說，「動機和後果都納入不就好了？」但這很困難，理由在於當兩者衝突時，以誰為主？如果要求必須兩者皆符合，主張有好的動機加上好的後果才是善，那麼，就有些我們原本認定的善會被排除掉。例如，我花了很大的心血偷偷幫一位好友準備生日派對，希望能讓他有個驚喜，但到了當天，他臨時有事到外地出差，原訂的計畫沒有達成，沒有任何善的效益，雖然動機良好，也只有白忙一場，那這是不是就不是善了呢？

另外，也有人會感到疑惑，我們是依據什麼觀點認為「使他人死亡的惡大於使其解脫痛苦的善」，以及「隨機殺人碰巧救了很多人不能算是善」呢？

這個問題很好，所以也有其他倫理學理論認為，人心中自有一把尺，我們內心很清楚知道善惡，因此只要返回內心反思，就能知道善惡。這是所謂的「直覺主義」，主張道德的基礎就在於人內心的直覺。

但很明顯的，這也是錯的，或者更精確的說，並不盡然如此。因為，如果這是真的，那就表示所有人都會有類似的善惡判斷，但事實上卻不是這樣。人們常常在善惡之間有所爭執，甚至不同文化裡有相當大的差異。

從這裡我們也可以看出，針對尋找道德基礎的西方哲學思考中，我們發現任何理論都可以找到例外，簡單的說，現代倫理學傾向於認為放諸四海皆準的道德基礎是不存在的，換句話說，道德並沒有其自性，一切道德法則，其實也是緣起性空。在某些文化等因素的緣起中成立了某些價值觀，但沒有任何價值觀是絕對沒有例外的，總會在某些緣起條件不足的情況下，產生不同的觀點。

佛學的善惡關鍵在於慈悲心

那麼，緣起性空的佛學如何談論善惡呢？這其實就是所謂「佛學倫理學」或「佛教倫理學」在討論的問題。佛教倫理學並非只是叫人要「吃素食」、「愛護動物」、「幫助別人」，以及「不可說謊」之類的，這些只是道德教條，並不足以稱之為「學」，要成為一門學問，尤其當我們將之當作一門哲學時，就必須針對這些教條提出合理的理論支持。簡而言之，必須要回答為什麼我們要吃素食、愛護動物、幫助別人，以及不可說謊，有了背後理由的支持，才能稱之為倫理學。

所以，探討這個問題首先會遇到的第一個問題是，佛學真的有嘗試回答這些問題嗎？這些問題對佛學來說是重要的嗎？簡單的說，當我們在談論「佛教倫理學」時，其實已經預設了佛學有在探討這些倫理教條背後的理論依據，也就是基本上已經把佛學義理當作一門哲學在看了。如果不採取這個預設，那就根本不用去探索這些教條背後的理論基礎，因為，如果把佛學當作一個純粹的宗教來信仰，那佛陀說了算，經典就是依據，根本就不用再去思考了。但是，佛陀要我們思考，要思考自然就必須有理由，有了好的理由，就會是一門哲學。

首先，佛學裡跟善惡關連最大的，應該就是慈悲心。慈悲心是一種天生內在性質，藉由慈悲心的作用我們關心他人、悲憫萬物，因此產生各種道德行為。所以，從這個角度來說，慈悲心可以作為佛學的道德判斷基礎，依據慈悲心的行為便是善行。

這個觀點，其實可以歸類到哲學裡的義務論，也就是用動機去衡量行為的善惡，但由於佛學講求緣起性空，所以倒不會有義務論所遇到的困難。因為佛學不會說「凡是依據慈悲心的行為就一定是善」，這種具有必然性的主張不適用於講求緣起性空的佛學。

佛學只會主張我們需要依據慈悲心去做事。當然，不排除做了以後反而幫倒忙，甚至害了別人。因為不同的緣起條件，會導致不同的結果，所以佛學只會說，我們應該保持著善念行事。這裡主要的差異點在於，由於哲學企圖找到事物的本性、原則，所以會希望提出來的主張沒有例外。但是，當佛學一開始就沒有這種預設道德自性存在的意圖時，自然也就不會有這樣的問題了。

另外，跟佛學倫理學相關的另一種道德觀，稱之為「德性倫理學」，就是主張我們需要去培養各種品德、內在素養，區分哪些是好的，然後努力去培養。這個部分也很符合佛學的主張，像是慈悲心、六波羅密（布施、持戒、忍辱、精進、禪定、般若）等等，都是好的內在素養，主張我們應該去培養，以及研究該如何培養，也都是佛學倫理學的研究領域。然而，這部分和西方哲學也一樣有些不同，因為任何德行都是緣起性空，意思是說，都沒有非要如此不可的特質，也沒有哪一個一定是善，或一定是惡的堅持。

14 佛學怎麼看知識？

佛學認為一切煩惱的根源在於「無明」，「無明」其實就是沒有看清真相，具有錯誤知識的意思。其中最主要的問題，就在於看不見萬事萬物緣起性空的本來面目，認假為真，因而產生不必要的執著，進而帶來煩惱。

所以，從學習知識的角度來說，佛學最重要的知識就是緣起性空。亦即，一切事物、觀念、原則等等，都是因為某些條件的聚合才成立，並沒有任何非要如此不可的核心來支持它們。那麼，學習佛學的重點就在於，我們要如何從現有的知識觀返回緣起性空的知識觀呢？

不管如何肯定，都有可能是錯的

要返回緣起性空的知識觀點，首先，第一個步驟，是要先打破現有知識的成見。所謂的「成見」就是自以為一定是對的東西，從生活上來說，這種成見會造成不良的固執己見的習性而難以敞開心胸、聽進不同意見，導致溝通困難，很多人與人之間問題的源頭都來自於此。

無論是為了學佛，或是為了人際關係，都必須改掉這種習性。但光是知道、聽到「應該破除這種習性」是不夠的，至少必須理解到、感受到，甚至覺悟到這個「沒有什麼是一定對」的智慧。要完成這個步驟，可以藉助於西方哲學笛卡兒的「錯誤論證」。

一天，笛卡兒有一個驚人的發現，他發現有一件之前一直信以為真的事情竟然是錯的，這個「驚人的發現」其實在每個人的生活中經常發生，只不過我們從來不覺得「這很驚人」，那是因為我們的智慧之眼還不足以看見其驚人之處。

笛卡兒之所以認為這很驚人，是因為他在仔細思考之後，發現這種錯誤，並不見得是犯了什麼錯誤推理或是思考過於輕率造成的，如果從頭再來，更小心思考，還是很可能會犯一樣的錯誤。若從這個領悟來反思，我們會得出一個驚人的結論，「現在還持續被我們堅持的所有知識中，有些可能是錯的，但我們卻很肯定它們是對的。」也就是說，我們可能還繼續擁抱著某些錯誤知識，但毫無自覺。而我們在日常生活中，卻倚賴著這些知識在思考、推理、做決策。這種情況，就像是走在懸崖邊緣卻不自知，不知何時會害我們犯下無法彌補的錯誤，跌落山谷。想到這裡，怎能不心驚呢？

這就像在一個組織中，突然意識到有間諜隱身其中，但不知是誰、也不知有多少？在這種驚嚇中，自然無法再完全信賴所有成員，開始對每個人都謹慎小心面對。如果我們可以用這種態度重新對待自己信以為真的各種想法，保持懷疑，自然就不會再固執己見。直到有一天，如果我們可以確認所有成員都值得信賴，那才能解除懷疑的警報。

所以，笛卡兒主張我們必須重新建立知識體系，從根本來杜絕錯誤知識的發生才是根本之道。這個想法，其實就是其名言「我思故我在」的源頭，從內在自覺中發現「我思」，並藉此來保證「我在」，再從「我在」的相關特質觀察，推出其他相關知識。笛卡兒認為，只要我們能夠重新建構一套不會錯的知識體系，就可以不用再擔心哪一天又很意外地發現錯誤知識了。

從主張有自性的「基礎論」通往緣起性空的「融貫論」

笛卡兒的這個想法，可以說是哲學知識理論的「基礎論」源頭。基礎論認為所有知識都有其根本的支撐點，只要回溯這些支撐點，就可以找到最基礎的知識。這些最基礎的知識，是所有知識的根源，它們可以用來支持其他知識，而其自身卻不需要被其他知識所支持。只要我的知識都建構在這些基礎知識之上，小心推理，就不會再製造錯誤知識了。

這個理念很好，所以，從笛卡兒開始，哲學界便開展了一個尋找完整基礎知識並重新建構知識體系的基礎論時代，歷時數百年之久。

這整個基礎論觀點，從佛學的角度來看，就是主張知識有其自性的想法。基礎知識就是整個知識體系的自性，而基礎論的數百年歷史，就是不斷尋找知識自性的歷史。

然而，這個基礎論的發展雖然在某些哲學家的努力下，有許多進展，尤其十八世紀哲學家康德的《純粹理性批判》一書，對知識的分析非常深入，也讓我們了解更多知識的各種面向，但是，始終無法完整找出這些基礎知識，也就是難以真正找到一切知識的自性。

經過數百年哲學家們的努力思索，到了二十世紀初，基礎論工程所遇到的難題仍舊無法收尾，這導致越來越多的哲學家不想再沿基礎論的方向前進，開始放棄這種知識根基的觀點。換句話說，他們放棄知識有其自性的看法，轉進另一種類型的理論，稱之為「融貫論」。

「融貫論」主張所有的知識其實是互相支持而成，沒有任何一個知識是最根本、最無法改變的，只要其他知識改變了，任何一個相關連的知識都必須跟著改變。也就是說，融貫論認為所有的知識都得依據其他知識才能成立，沒有一個知識可以自己獨立出來支持別人也同時支持自己。這個觀點其實就是佛學所說的「緣起」，而沒有任何一個知識可以獨立為真，也就是知識沒有自性，這則是

「性空」。

也就是說，融貫論其實就是一種緣起性空的知識理論。這場知識論的革命，可以說是從假設有自性，進入尋找自性，而最後在無法找到自性的情況下，放棄自性的觀點，並且建立一個沒有自性的知識理論。

所以，如果我們問，「佛學的知識觀應該是什麼樣子？」我認為，融貫論應該就是能夠體現佛學的知識理論。

15 佛學如何看待生死？

人死的時候，有什麼特別的感覺嗎？從佛學的角度來說，答案是「沒有」。因為，所謂死亡，針對的是肉身狀態的改變，而感覺不是肉身，是意識，意識是連續的，即使從生到死，一樣連續著。

也就是說，意識並沒有受到肉身死亡影響，它繼續流動著，所以，死亡的那一瞬間並沒有什麼特別的感覺，甚至不會意識到自己已經死了。然而，這只是佛學的看法，對於非佛教徒來說，或許會想問，「這是真的嗎？還是只是宗教信仰呢？」

死亡時，意識仍然持續的可信證據

事實上，這不僅僅是信仰，還有許多證據可以支持這個觀點。有一本書叫做

《西藏度亡經》，相傳這本書是在西元第八世紀，由將佛教傳入西藏的印度高僧蓮花生大士，透過親身經歷生死邊緣的探索，所獲得各種關於死亡的知識。書中記載了意識離開肉身之後的幾個階段，而其中所談到的，在意識離開肉身的那一瞬間，意識仍舊是連續的，並沒有什麼特別的差異。

當然，或許有人會認為，這本書畢竟也是宗教書籍，說不定只是為了信仰而寫，不見得確實是親身實驗的記載。然而，這樣的記載，卻又和當今時代許多臨床醫學記錄的瀕死經驗相吻合。根據許多被宣判死亡後又被救回，或自行甦醒的人的訪談紀錄來說，他們的自我意識從身體裡面轉移到其他地方的那一瞬間，也就是一般我們所謂的「離體經驗」（或俗稱靈魂出竅）的時刻，是完全沒有任何特別感覺的，意識不會因為離體而產生中斷。

由於這類資料數量龐大，不太可能是集體虛構的故事，已經到了無須懷疑的地步了。當然，若真要質疑還是有可懷疑的部分，例如，有學者主張這些經歷瀕死經驗的人實際上都還沒真正的死亡，或者也有學者質疑那些瀕死經驗其實都只是幻覺，不是真實經驗。確實，我們仍無法否定這些可能性，只能說瀕死經驗是確實存在的經驗，並非虛構，但這經驗的確切成因，以及是否真能用來描述真正的死亡經驗，仍屬未知。

死亡該如何定義？

上面兩個質疑的重點其實是相同的，主要都是「在那種經驗的當下，當事人實際上還沒死亡」，也就是主張那些瀕死經驗並不是真的遊走在生死之間的體驗。那麼，我們該如何探討是或不是呢？死亡的標準是什麼？

有人認為死亡是不可能再復活的，所以，死亡的標準就在於進入那不可逆的生命型態。依據這樣的定義，所有死後復活的案例都不能算是真正的死亡，我們也就無法依據其經驗來談死亡了。

這樣的定義否定了目前關於瀕死經驗紀錄的價值。但是，我們為何可以做這樣的定義呢？誰規定死亡一定是不可逆的？我們主張死後不能復活的理由在哪裡？想來想去，這只是我們一廂情願的觀點而已，完全說不出為何死亡必須被定義成不可逆，並藉以排除任何瀕死經驗的可信度。

我認為，或許我們不要把死亡定義成一個確切的時間點會比較適當。把死亡定義成一個完整的過程，在過程中有屬於可逆的階段，但過程結束後就進入不可逆的狀態，就像大多數瀕死經驗記錄的過程，從離體經驗、通過黑暗隧道、進入另一個世界，最後返回的時機大多是在隧道的出口，走出隧道後，可能就比較難回頭了。

簡單的說，我們可以把「不可逆的死亡」當作是「確定的死亡」，而在人們進入這種確定死亡的狀態之前，會先經歷一種還可逆的（可活過來的）「初期死亡狀態」，那麼，瀕死經驗至少記錄了這種初期死亡的狀態。依據目前科學界對死亡的定義來說，像是心臟停止跳動一段時間或是腦死等，都存在死後復活的可能性，皆可歸類為進入初期死亡的階段。從這樣的定義來看，我們至少可以說，在進入初期死亡狀態時，意識並沒有特別的感覺。

先有身體，還是先有意識？

另外，許多人認為，依據當今科學觀，意識的產生是大腦作用的結果。當大腦停止作用時，意識就停止了，所以，瀕死經驗最多只是大腦尚未完全停止活動的殘餘作用，並無法代表死後的經驗。

然而，針對這點，可質疑的地方很多。第一，意識經驗未必完全仰賴大腦運作。因為當一個人被宣判死亡時，腦波圖成一直線，這時的大腦是幾乎測量不到電位差的，大腦可以說是幾乎完全沒有在做任何像是知覺、思考等較大規模的活動。當大腦做這類活動時，都能測到腦波，但是處於瀕死經驗的狀態下，意識活動卻還很豐富，和腦波圖不一致。也就是說，這個時刻的意識，其實和大腦已經相當程度脫勾了，這樣的狀態，符合我們認為的死亡經歷。

另外，更重要的一點，目前學界認為意識是由大腦的運作產生的這一點，其實只是依據大腦和意識明顯有著相關性的觀察證據，但這不代表意識一定是受到大腦的主宰，而且反過來說，誰主宰誰也還有待商榷。

因為，透過量子力學實驗的觀察，意識可能才是真正的支配者，物質有可能是配合意識的需求而呈現出其該有的狀態。如同在科學界享譽盛名的蘭薩博士（Robert Lanza）在《宇宙從我心中升起》（*Biocentrism*）一書中主張，並不是物質產生了意識，而是意識主導了物質該如何運作。這個主張不僅符合當今量子力學的實驗觀測結果，也更能畫出一個宇宙發展而產生意識生命的模型。

當今科學觀認為宇宙在一個很隨機的大爆炸形成，生命體也在一個很隨機的環境下碰巧成立，而且意識生物也在隨機的情況下偶然生成。然而，當我們深入去了解這幾種隨機的可能性後發現，它們每一個的機率都低到幾乎可以說是不可能的地步。

然而，依據量子力學來說，粒子在被意識觀察之前，是以「可能性」的方式存在，而且這種可能性是不受時空限制的，也就是說，現在被意識觀察的粒子，它的過去也同時在現在這一刻才被確定。簡單的說，現在的某些跟意識相關的東西可以跳過時間的限制決定過去（尚未被決定的）事物的狀態。

因此，蘭薩博士認為，有可能在宇宙大爆炸的那一瞬間，所有前後古今的一切可能性都同時並存，但至少有那麼一條通往讓意識出現的道路，而這條道路，無論機率有多低，它都能以可能性的方式存在。這樣的可能意識，藉由觀察，便讓整個物理世界朝向它存在的方向成立。所以，根本上來說，是意識造就了物質世界，而不是物質主宰著意識，物質配合著意識，展現出它該有的樣子。這樣的理論，就可以解釋為什麼這些幾乎不可能發生的微小機率，都轉變成了現實。

當然，這只是一個可能的理論，但這理論並不是來自於科幻小說家，也不是來自於宗教人士的宣教信仰，更不是來自於古代宗教經典，而是來自於優秀科學家藉由最新科學實驗結果為基礎的思考結果。這樣的思考，可以在相當程度上支持佛教生死觀。人在死亡的時候，意識其實是持續的，沒有任何特別的感覺。我們的意識，像一條河一樣，並不受限於身體，死亡對其而言，只不過是轉換了一種存在的形式，毫無障礙地繼續流下去。

16 佛學主張「我」不存在，那「他人」存在嗎？

佛學主張無我，所以需要去除我執，去除了我執，就海闊天空，不起煩惱。然而，佛學也主張要有慈悲心，要善待他人，體諒他人感受。這兩點都是佛學裡很重要的觀點，也是大眾對佛學耳熟能詳的印象，但是，這兩點加在一起，是不是有一種感覺，好像哪裡怪怪的？

無我和慈悲心的組合，究竟哪裡怪怪的呢？

無我的觀點主張，自己的那個「我」是不具有自性的，也可以說是假的，既然如此，那別人的「我」也應該是假的吧！不太可能只有我的「我」沒有自性，而別人的「我」卻有自性，所以照理，對別人來說也是無我，那從我的眼光看別人，不就是「無他」嗎？既然無他，那慈悲心要慈悲什麼？何必要用慈悲心去體諒他人的那個假我呢？

簡單的說，無我觀不僅主張我的「我」不存在，別人的「我」也不存在！但慈悲心的觀點卻似乎需要預設別人的我存在。因為，對別人有慈悲心，不就是對別人的那個「我」感同身受，才產生的同理心嗎？既然別人的那個「我」不存在，那慈悲心的對象是什麼？這裡似乎產生了理論上的衝突，那究竟無我觀是對的，還是慈悲心是對的？

如果是慈悲心才對，那無我觀便是錯的。如果無我觀是對的，慈悲心的觀點不就有問題了？或者，慈悲心的對象僅僅只是對他人假我的同理心？那這樣的慈悲心意義何在呢？為什麼對於他人的假我要有慈悲心，而對自己的假我卻不要執著，為什麼有不同的標準？這個問題很有趣，讓我們來解開這個謎團吧！

不僅「我」是個錯覺，他人的「我」也是個錯覺

首先，當我們說「無我」時，指的是「我」這個觀念所指涉的東西，並沒有

一個核心，可以說其概念內部缺乏那種我們誤以為的實質存在，所以「我」是一種錯覺，也因為如此，我們可以說那是假的。當然，這個想法不僅對我有效，佛學主張萬事萬物皆是如此，也就是萬法皆空、諸法皆空，或講一切皆空的道理，所以，別人的「我」當然也不具有自性，亦即，不僅「無我」，而且「無他」。這確實符合緣起性空的觀點，而且，從離苦得樂、去除煩惱的角度來說，不僅無我觀可以減少煩惱，無他的觀念也可以消除煩惱。那麼，我們不僅應該去除我執，也應該去除「他執」（對於他人的「我」的執著）。

以日常生活的例子來說，當我們討厭一個人或是嫉妒一個人的時候，內心可能會暗自希望這個人遭遇不幸。在這種時候，我們心裡所想的，是期待某一樣東西受到傷害，而這樣東西，就很像是自己的「我」一樣，屬於他人的「我」。然而，在無我觀之下，這樣的東西並不真實存在。簡單的說，當你想要傷害他人時，實際上無法傷害任何真實存在的東西。當然，在日常生活中，當我們想要報復他人時，並不需要傷害什麼真正屬於他人的「我」，只要讓他人感受到痛苦，就可以達成報復的快感。

然而，由於他人的那個「我」並不真實存在，一切跟他人的「我」相關的感受，就像自己的「我」一樣，只不過是一股像河流匯集一般的意識之流。這些意識之流就是造成「我」的所有緣起條件，在這些緣起條件背後，沒有一個恆常存在的核心作為「我」的根源。因此，你所加諸在他人身上的怒火，都沒有必然會造成什麼樣的情感，即使真的造成他人痛苦，也只不過就是一條意識流，流過後便無影無蹤，並沒有任何一樣你希望傷害的東西承接了這些痛苦。

當然，如果他人執著於這些痛苦，可能會讓這些痛苦持續更長的一段時間，但這些端看他人如何去面對。不同的緣起條件，便產生不同的後果，最後的決定權其實有相當大的部分在於他人。

反過來說，當我們遭受到他人的報復時也是一樣，許多緣起條件掌握在自己手中，要如何應對、要如何感受，其實也有許多部分是由自己所決定。苦的意識流未必產生，即使產生了，也可能稍縱即逝。尤其對一個心境徹底自由的人來說，無論加諸在他身上什麼難處，都是無用的。

誤以為有個他人的「我」所導致的誤解與煩惱

再深入探索，我們會發現，在報復他人時，誤以為有個他人的「我」在那兒，就會覺得自己成功讓他人痛苦，因復仇成功而感到爽快。事實上，有些緣起條件來自於對方自身，而對方之所以持續感受到痛苦，其背後的理由，說不定會和你的復仇之心背道而馳。

舉例來說，情人分手，覺得受害的一方故意在言語上或行為上傷害另一方作為報復，導致他人痛苦。這個痛苦可能很快過去，也可能會持續很長的一段時間。如果持續很久，加害人會覺得有個屬於對方的「我」受到了傷害，因而感到痛快。但實際上，沒有這樣的東西，痛苦之所以持續，源自於被害者的某些執著，而這些執著，有可能是因為被害者對加害人感到抱歉，或是因為他過去真心付出卻得到這種結果而感到痛心。這些都屬於他人的善意才會造成的傷害，就像真心換絕情一樣，付出越多，傷害越大。如果加害人可以看清這點，或許對自己的報復心會有不同的思維。

另外，如果傷害很快過去，被害者很快恢復了原來的笑容與快樂的生活，加害人可能會覺得他人的那個「我」沒有受到傷害，於是想要加大報復行動。但實際上，並沒有那個「我」存在，對方之所以可以放下，可能只是對方的修行高、擁有較能體諒他人的素養。

另外，我們有時很難原諒討厭的人，因為如果原諒他人，會和我們心中希望這個人遭遇不幸的念頭背道而馳，以致於把自己的怨恨寄放在這個人的「我」之上，並且讓自己陷入痛苦。

在無我觀下，那個怨恨，其實是自己的一部份，不屬於他人。當我們能夠放下怨恨，自己的內心將獲得救贖，他人的「我」並沒有因此獲得任何東西。如果我們持續怨恨他人，他人的「我」也沒有任何損失，因為那個「我」是不存在的。

那慈悲心呢？

既然他人也沒有「我」，還需要慈悲心做什麼呢？我想這有兩個層次的問題要回答。第一個層次在於，慈悲心其實不一定要預設他人的我具有自性。對於一個沒有我執的人來說，他心中沒有那個擁有自性的「我」，但他的意識之流仍繼續流動著，這股意識流，一樣具有各種情感，這些情感，仍然有慈悲心可以感同身受的地方。所以，即使他人並沒有「我」，只要擁有意識、情感，慈悲心就可以作用。

第二個層次，我認為慈悲心其實是一種打通人我區隔以及破除我執的修行，實質上能不能真的為他人做點什麼，倒不是最重要的問題。主要理由在於，佛學在最有深度的領域裡，認為苦其實是不存在的，只不過是無明所帶來的虛幻的東西。如果人的智慧可以達此處，那不僅可以看穿自己所受之苦的虛幻性，也一樣可以看清他人所受之苦的虛幻性，在這種情況下，根本沒有所謂的苦，又如何能引發慈悲心呢？或者，我們可以說，在這種能夠看破苦的本質的境界下，所謂的慈悲心，不過是慈悲他人的迷失而已。

然而，在最高深的佛學領域裡，一樣強調著「無無明」，連迷失都是不存在的。如果真有到達此一境界的智慧，那慈悲心應該是毫無用武之地了吧？不過，最後這個結論，只是透過對佛學的理解與推理而產生的想法，連我自己都很懷疑！期待高人指教。

17 無常人生是好還是壞？

「人生無常。」這句佛學用語常常是以感嘆詞的姿態出現。當人們遭遇突發的、意想不到的變故時，便會有此感慨。從佛學的角度來說，這個用法基本上也沒錯，但不全然如此。

「無常」其實也是緣起性空的一種展現，指的是沒有一定的、絕對不變的法則。所以，人生不會完全依據固定的模式在運作，總會有些不預期的、突然的變化產生。但這種所謂的「無常人生」，卻不見得都非得用在遭遇變故的時候，那些不可預期的奇蹟、美好事物，從緣起性空的角度來說，其實也都可以算是無常人生的展現。

只不過，當我們用「無常」描述無預期的好事突然降臨時，會有點怪怪的感覺，那是因為我們已經習慣把這個詞用在不好的變故上。這種怪異感只是源自於語詞的習慣用法而已。也就是說，佛學主張人生無常，從理論上來說，並非意指人生不好、充滿變故與不測，而是說，人生無法完全以法則來掌握。

符合個人意願便是好

無常並不代表不好，只是表達人生難以預測、無法把握。然而，即使回到正確的理解，我們還是可以問，「無常人生究竟是好，還是壞呢？」要回答這個問題，需要先簡單區分一下幾種「好」的標準。

我們通常把「符合個人內心期待」當作好，反之則是不好。例如，我希望過富裕的生活，如果人生果然走向富裕，那便是好，反之便是不好。

有時，我們不見得會把真正的個人期許放在第一，而是把大眾的期許放在第一，甚至誤以為那才是最好，也就是藉由大眾價值標準來判斷好壞。舉例來說，假設在抽獎會場上，我有機會抽到一顆富士蘋果和一顆屏東蓮霧，雖然我可能比較喜歡吃蓮霧，但由於大眾認為蘋果是比較好的獎項，所以我也可能認為抽到蘋果才是好。

然而，從更根本的角度來說，好壞可能無法只是以個人意願或群體意願來衡量，有些事情明顯都不符合大眾意願，但可能是一件好事。例如，很多學生喜歡颱風假，颱風登陸放假真是太棒了，可以不用上學，但不管是從整體社會來說，還是從個人的學習成長來說，放颱風假可能都是壞事。

然而，從更根本的角度追溯，一件事究竟是好是壞，還真是很難判斷。以死亡來說，眾人怕死，不管是個人意願、群體意願，還是大眾價值觀，都認為死亡就是壞事。但是，實際上究竟如何呢？這誰也不知道，因為我們實在對死後世界了解太少了。所以，無常只是表達人生的一種狀態，根本來說，它無關乎好壞。而這樣的主張，也符合緣起性空的觀點，因為，這一切的背後，並沒有一個根本的標準，來衡量事物的好壞。簡單的說，事物並沒有好壞之別，好壞只是人心的作用罷了！

從緣起性空通往一切都很美好的那條路

好與壞，既然沒有一個絕對客觀的答案，只是人心的作用，那麼，這應該是一個好消息。這就表示，人生中的一切，是好、是壞，都可以由我們自己決定。

以負面態度生活，總是把事情往壞的一面去看，那生活自然就是壞。反之，以正面的態度過生活，凡事總往好的一面去看，就會覺得生活總是有好事發生。兩者相較之下，當然是正向思考要好得多了。

然而，佛學其實並不鼓勵選擇一個價值標準，無論正向或是負向，都是站在一個價值標準上思考。佛學提倡「正念」，不必然要從好的角度看事物，正念就是在沒有好壞、是非、對錯的心態中去體驗當下、去感受一切，但有趣的一點是，在正念之中，事物似乎總會往符合我們內在期待的方向走，人心會走向寧靜、平和、以及喜悅。即使如此，佛學還是不希望我們用價值觀去衡量這些，只不過在順其自然之時，緣起性空的風，總是吹向擁有美好感受的那條意識河道，而我們就只是笑笑地接受這份禮物罷了！

18

什麼都不確定的緣起性空，說了等於白說？

緣起性空的觀點告訴我們，任何事物、法則都沒有一個根源性的支撐點，也就是說，不存在可以用來主張這個事物、原則具有必然性的東西。換句話說，我們沒有任何依據可以確定任何事物、法則一定是對的，隨著不同的緣起條件，答案會不同。簡單的說，一切都不確定。

然而，一切都不確定雖然可以帶來生活與思維的自由，但人生似乎也頓失依據。當我們遇到人生的疑惑，該如何尋找人生的指標呢？如果緣起性空的佛學觀點無法作為人生指標，那不就沒有用處了嗎？既然如此，是否說了等於白說？

緣起性空的根本價值並非生命的引導者

想像一下，假設在森林中迷了路，好不容易遇到一個人，當你向他問路時，他卻回答，「不存在有絕對正確的道路，不同的緣起時機，就該走不同的路。」聽到這樣的話，即使你覺得這番話很有智慧、很有道理，但顯然不是你在這個迷失的時刻裡所需要的東西。對於一心想要尋找歸途的你而言，會覺得這句話說了等於白說，像廢話一樣，一點用處也沒有。

確實，當我們在人生中迷惑，甚至迷失時，總希望找到一個正確的方向。然而，問題在於，緣起性空的佛學告訴我們，不管你內心需要什麼樣的答案，實際上都不存在這樣的道路。

再繼續想像一下，如果這座名字叫做「人生」的森林，其實就是全世界，也就是說，根本沒有所謂的「森林的出口」，那麼，怎麼會有走出森林的道路呢？或者，假設森林其實根本就不存在，只是個人的妄想，那麼，又該如何幫你找出脫離之道？

緣起性空的觀點確實無法用來當作我們期待的、所謂正確的人生指標，那是因為「正確的人生指標」這個詞彙本身就是有問題的。當然，人在不同的時刻裡，確實需要一些不同的生命指引，協助我們渡過眼前的難關。這種時候，有智慧的禪師們可能會依據不同人的不同狀態，給出不同的建議，但這些都只是依據不同的緣起條件而生出的暫時方向，無法作為一生的指引。緣起性空並不是要否定這種暫時的生命出路，而是要否定那種「放諸四海皆準的、永恆的生命方向」。

緣起性空的大用

人生的問題，除了在疑惑中不知該怎麼做之外，還有一種更大的問題，就是過度自信，自以為掌握了正確的方向，自以為完全了解該怎麼做。自滿的禍害往往超過疑惑，且不僅禍害自己，還會禍害他人，而緣起性空觀念最大的用處，就在於防止這項禍害。

也就是說，緣起性空的主要用處在於提醒我們，一切皆可不執著，以及一切皆不用執著。尤其當任何人、事、物、觀念、想法等等造成自己或他人的痛苦與困擾時，緣起性空的觀點可以提醒我們，現有的觀念與堅持有問題。這時我們必須去探索自己執著了什麼，而且，緣起性空的觀點也可以協助我們脫離這種被執著束縛的狀態。

舉例來說，大多數的父母希望子女有成就、有出息，所以也會要求子女做出該有的努力。如果子女的興趣是那種不太容易有成就、有出息的，往往會建議放棄，甚至強迫放棄。這種做法，就是認定某種生命方向一定是對的，不僅對自己是對的，對他人也是對的。因為是對的，所以即使強迫他人，也認為是應該的，甚至是父母愛子女的表現；因為是對的，所以即使現在子女不認同，未來他們也會了解父母的用心，並且覺得感恩。

然而，這一切都是以「這一定正確」為依據。緣起性空的觀點告訴我們，無論何時何地、無論何種問題，都不會有這種東西，了解這點，就不會一直落入這種人生陷阱之中。

類似的問題非常多，每個人從小到大生活在某個文化裡，習慣這個文化中的各種觀點，在其中獲得喜怒哀樂，同時在思想上受其限制，唯有認清緣起性空，才能張大雙眼，轉個方向去看清它們的空性，也才有機會脫離侷限。「原來這些都不是絕對的。」一旦能從堅持中解脫出來，便能防止因執著而產生的困擾與禍害。所以，緣起性空的觀點具有大用，當然不是說了等於白說的觀點。

下篇

緣起性空的實踐

19 佛學是迷信嗎？

佛經裡有很多不可思議的記載。從理性的角度來說，大概很難相信裡面所言全是如字面意義般呈現的事實真相，雖然我們也不能保證這些都不是事實，但如果未經思考就相信，感覺上確實就有點迷信了，而且這些迷信也可能對生活有害，所以有些人選擇遠離宗教，也勸人不要接觸宗教，以防止迷信禍害人生。

然而，如果我們把緣起性空的佛學智慧應用在生活中，會發現其實這未必是最佳選擇。因為在不同的緣起條件下，都會有好或不好的情況發生，就算迷信也是一樣，而且更重要的是，撇開那些神奇故事，佛經裡也散佈著各種面對人生問題的真知灼見。那麼，我們該如何面對這些不可思議的事跡，避免迷信所帶來的壞處，還仍舊可以從佛學經典中汲取最好的智慧養分呢？

佛陀是從母親的腋下生出來的？

舉例來說，第一次讀佛陀故事時，大概所有人都會被開頭的一個段落嚇到，「佛陀是從母親的腋下生出來的。」被嚇到後，大致會有三種不同的反應。第一類人是不相信，「這太扯了啦！佛學根本就是迷信、胡扯嘛！不看也罷！」

針對這種反應，我的回答是這樣的。人世間有很多聽起來很扯的事情，雖然大多是錯誤的、虛構的，但是也有些事最終證明是事實，這點千萬別疏忽了。「很扯」，意味著在我們現有習慣性的認知裡難以接受，但是可別忘了，即使在知識最前端的科學界，也沒有任何一個科學家敢宣稱人類目前的認知已經是真理。相反的，多數科學家認為我們目前的知識不過是滄海一粟，距離真理還非常遙遠，甚至有些學者認為真理是一個永遠到達不了的盡頭，像是知名的科學哲學家波普爾（Karl Popper）和孔恩（Thomas Kuhn）及其眾多追隨者們，都抱持這樣的觀點。

在這種情況下，「感覺很扯」其實不是一個用來否定的充分理由。尤其在二十世紀初的那段時間裡，年輕的愛因斯坦發明了相對論，主張空間會彎曲。剛開始不僅聽到的民眾覺得這是天方夜譚，就連大多數的科學家們都不相信他，也都認為「這太扯了！」一直到相對論提出的二十年後，決定性觀察證據出爐，星光真的在太陽周邊彎曲前進。這才使得愛因斯坦贏得最後的勝利。所以，即使從現有的認知來判斷，認為佛陀從母親腋下出生很扯，也不要光是這個理由就立刻否定它。

另外，就算「從腋下生出來」的說法是錯的，也不表示整部佛經都是錯的，或認為不值得閱讀，這種以偏概全而全盤否定的思維是一個錯誤推理。除下這個錯誤推理，我們一樣可以好好思考佛學其他部分是否仍藏有寶藏。

學佛需要思考和懷疑

第二種人是選擇「相信」。這類人主要是宗教信仰者，認為佛教經典所描述的都一定是事實，所以，「經典既然這樣說，那就一定是對的。」不管內容是否違背現有的其他觀點，而且也因為相信這樣的傳說，覺得佛陀真是一個偉大的人。

針對這種反應，我想說的是，「頭殼壞了嗎？」建議不要聽到什麼都相信。這樣的宗教信仰方式會讓騙子有機可趁，看看社會上許多假借宗教之名的騙子所擁有的大批信眾，不就明顯表示不動腦的信仰並不是件好事了嗎？就算不考慮騙子，那萬一有人翻譯錯了，或自己解讀錯了，在不加思索的情況下，不也走錯路而難以發覺了嗎？

所以，至少針對明顯可疑的事情，即使不要立刻否定，也不適合立刻相信。雖然在許多其他宗教裡，教義鼓勵信徒無條件、不思考的相信，就像基督教有個類似的觀點，主張耶穌是被處女生出來的，這也很難令人相信，但基督徒被鼓勵不用去懷疑，相信就好。「信仰」確實有時可以發揮很大的力量，我提出這點並沒有要批評基督教的意思，而且從佛學的角度來說，基督教的信仰也可視為一種離苦得樂的法門。所以，雖然有被邪教欺騙的危險，但不否認這樣的信仰方式也有其優點，而且或許真的更適合某些群眾。不同類型的人，適合不同的法門，總是存在有人比較適合這類無條件的信仰吧！

對於佛教來說，信仰確實也是重要的，如果我們針對某些修行方法缺乏信心，就很難發揮力量、堅持下去，也就很難克服難關，但我的建議是，至少在一開始的時刻，先懷疑一下其實是有好處的，以防誤信騙子，或因誤解經典而走錯了修行之道，不僅道業不成，還可能走火入魔。

然而，這種不反思就相信的態度，其實不屬於佛陀教育的正道。佛陀自己就很清楚的宣示，不要盲目信仰。他鼓勵我們懷疑、思考。

用手指月的比喻

或許我們會感到疑惑，為什麼要思考呢？道理其實很簡單，因為佛陀要教的其實不是經典裡文字表面上所描述的，而是文字背後需要體悟的道理，就像在《楞嚴經》裡提到的以手指月的比喻一樣。**「如人以手，指月示人。彼人因指，當應看月。若復觀指以為月體，此人豈唯亡失月輪，亦亡其指。」**這意思是說，真正的佛法是那輪明月，但經典裡沒有月亮，文字只是那隻指月的手，無論我們如何鑽研、分析經典文字，都無法真正看見明月。我們必須順著手指抬頭望去，才能看見真正的佛法。

抬頭望向天空，就是返回內心去體悟。這種體悟是需要思考輔助的，因為不思考的信仰終究只能信仰文字的表面意義，而這種照本宣科的修行步調，將難以到達終點。

另外，針對這種信仰的態度，還有一點也需要注意。就算佛陀真的是從腋下生出來，也不表示佛陀很了不起。為什麼從腋下出生就很了不起呢？一點道理都沒有！不是嗎？

從腋下出生的合理性如何？

第三種反應，則是不直接相信，也不直接否定，但如果對此問題有興趣，就去思考它；如果對此問題沒興趣，就放下它。也就是說，其實這些關於神蹟式的記載是可以忽略也沒關係的。就像一行禪師在談佛陀故事著作的序言裡，就很清楚表明，**「佛經中經常出現神通事蹟，為佛陀的一生增添豐富的色彩，但我在書中盡量避免提到這些事蹟，因為佛陀本人曾告誡弟子，勿將時間與精力浪費在追求神通能力上。」**也就是說，就算我們不去理會這些神通事蹟的記載，也是符合佛陀的教誨的。當然，如果我們對這些事蹟有興趣思考，但不浪費時間去追求，應該也不違背佛陀。

那麼，我們現在試著來思考這個問題看看。首先，「從腋下生出來」，這其實不符合人類的生理結構。腋下其實並沒有辦法生出人來，除非這一胎位置很怪異，需要剖腹生產，而且要從腋下切開來才行。如果真是如此，以當時的醫學來說，母親必死無疑，但經典並沒有這麼說。或者，其實生她的母親不是人類，所以生理構造不同，但經典也沒這麼說。在這種情況下，我們會認為這個記載是虛構的可能性比較大。那又為什麼要做這樣的虛構呢？

我們可以試著尋找合理的猜測。例如，某一個時期的人們因為崇拜釋迦牟尼佛，所以想要把它塑造成神話般的人物，或許用意是想強化人們的信仰，於是就創造出這樣的神話故事；又或者以當時的文化氛圍來說，如果佛陀和一般人的出生方式一樣，就無法顯現出佛陀的偉大，所以為了彰顯其偉大，只好配合文化來創造傳奇故事，讓人們更願意親近佛法，這也可以算是一種傳教的方便法門；再或許當時有什麼文化禁忌導致人們修改史實；也可能是某位國王比較喜歡這種說法，於是下令修改。可以想到的可能性很多，大概不太容易找出真相，而且我們也無法絕對否定故事本身為真的可能性，所以這個問題大概很難有確切的解答。重點在於，不管答案是上述哪一個，都無法否定佛學的價值。

一個有價值的學問，就算有些內容來自於添油加醋，甚至遭到修改，都無法改變其原本就存在的價值，但既然存在著曾經被添油加醋或是被竄改的風險，我們必須審慎面對每一個觀點，以免被誤導。這其實本來就是佛陀要我們做的。

是真是假無須糾結

然而，至於這個故事是真、是假？對於歷史上眾多高僧來說，應該也是無關緊要的問題。因為很少有高僧大德在討論這個問題，就算提到，也不會把它當作是重要的議題，所以可能也沒有人覺得有必要去做任何修改，而且對於某些比較喜歡神話般信仰的人來說，這種說詞確實也有助長信心以及讓人更想接受佛法的助益，於是故事就這樣流傳下來了。那麼，或許我們會想進一步問另一個問題：為什麼這個故事是真是假，其實無關緊要呢？

要回答這個問題，我們得回頭先思考另一個問題：學佛的目的是什麼？學佛，自然就是學習釋迦牟尼佛，學習他所證悟的離苦得樂的生命境界。那麼，要達到這種生命境界，是否一定要從腋下生出來才行呢？

當然不是，在佛經義理中，佛陀從頭到尾沒有提到有這個必要。既然如此，他究竟是不是真的從腋下生出來，有何關係呢？既然沒有關係，何苦自尋煩惱？所以，我認為面對這類問題的最好態度就是，放下它吧！無論是真、是假，無論在歷史上是否曾經有人虛構了這樣的一個神話故事，跟我們學佛的目的與過程毫不相干，糾結它只是自設障礙而已。何苦來哉！

在佛陀的故事裡，類似的問題還包括，他出生就會說話，而且還說了一句超級臭屁的話，「天上地下，唯我獨尊。」其實這句話聽起來帶有很強的我執成分，不太符合佛陀的教誨。諸如此類，其實都可以用類似的觀點來解讀。或許真，或許假，真也好，假也罷，這些都與成佛的修行無關，也就無須在此糾結停滯了。我想，這是從佛經許多爭議問題中跳脫出來，避免迷信，並且直接汲取佛陀智慧的較好態度。

20 佛教徒一定要講信用嗎？

「佛教徒一定要講信用嗎？」這個問題可以很簡單的回答，「當然要！」不過，佛教最核心的教義是「緣起性空」，在緣起性空的視野下，所有針對價值判斷的實踐，都沒有一定要怎樣的支撐點，所以，任何原則都有例外的時候，也就是說，佛教徒也一定會遇到不用講信用的時刻。簡單的說，在「不要執著」的智慧裡，也包含著不要執著於「守信用」，針對任何其他事物，也都是如此。

東、西方哲學觀朝不同方向前進，卻殊途同歸

在空性的視野下，沒有任何道德與價值判斷必然要如何。佛學這個觀點和當代西方哲學發展的結果非常類似。西方倫理學中的一個重大議題，就是尋找絕對

正確的道德根源作為各種道德標準的支撐點。究竟因為什麼根本的理由，我們可以認為某件事情一定不能做呢？究竟因為什麼理由，某件事情一定是善或一定是惡呢？西方哲學總想追根究底，找出最根本的源頭，這個源頭就可視為類似自性的東西。

然而，在各種理論百花齊放之後，我們發現其實並沒有任何一個被提出的道德根源是絕對沒有例外的，也就是說，我們找不到完全不會錯的道德法則。這個研究結果反而呼應佛學關於「自性空」的看法，所以，有時讀西方哲學反而更能接受緣起性空的觀點。因為如果一開始就接受性空的觀點，大概就不會去尋找事物的自性，未經尋找，可能反而對性空觀不會有深刻的體悟。

佛教徒可以不講信用嗎？

既然如此，那是不是說佛教徒可以不講信用呢？這麼說也是不對的。我們有非常多的理由主張佛教徒應該講信用，例如，「真諦」的修行就必須做到言出必行，無論大事小事都一樣，包括說好幾點吃飯就必須幾點吃飯。針對這點，或許有人會質疑，為何要如此呢？這不是執著於雞毛蒜皮的小事嗎？不是的，至少在大多數的情況下不是！這是為了修行。

因為，一個言出必行的人，在克服萬難、信守各種承諾的過程中，必須比別人扛起更多堅忍與精進的持續力，在無形中鍛鍊強大的心智與實踐的智慧，在這樣的修行中，便能突破各種障礙，進而朝向更高遠的目標前進。而且，不只佛教徒，信守諾言對一般大眾來說也一樣有價值，不僅可以提昇自我認同，也是獲取他人信賴的必經之路。

然而，如果返回緣起性空的角度思考，任何觀點、堅持、甚至修行，都有可能在某種因緣聚合的情況下產生例外的情況。所以，就算是佛教徒，也有不一定要遵守承諾的時候，而且，即使正在修行真諦，也有例外的時候。舉例來說，預定中午十二點吃飯，正要開飯時，突然屋裡失火了，這時究竟要準時開飯還是先離開再說呢？除非有其他特殊理由，否則在類似這種特殊情況下還主張無論如何一定要遵守承諾，這就是一種不必要的執著。

有了這種執著的人，常只會套用法則處事，不懂隨機變通，尤其會用來檢討他人、批評他人，這就更加不適當了，因為人各有異，我們很難知道，對他人來說，目前的狀況是否是屬於例外的時刻。

緣起性空的觀點告訴我們，凡事都不需執著，當然也不用執著於一定不可以執著這件事情，不生煩惱的執著是沒關係的。在遵守信用方面，總會有可以不講信用的時刻存在，不僅針對自己，更是針對別人，所以，如果想要譴責他人不講信用，就需要先試著思考看看，這個時刻是不是就是那種例外的時刻呢？當然，當自己遇到是否一定要遵守承諾的困擾時，也可以大膽想一想是不是非遵守不可。如果某個承諾在某個時刻不是非要遵守不可，那也不用有什麼不好意思的罪惡感，就放下它，歡喜違背承諾，這或許是一種更難達成的智慧。

佛經裡也有歡喜違背承諾的故事

舉個例子來說，在《本生經》的一個故事裡，有隻猴子站在河邊想要渡河，鱷魚跑來表示願意送猴子到對岸，猴子很高興地搭上這艘鱷魚小舟。渡河到一半，在猴子進退兩難之際，鱷魚就顯露出其目的是為了想吃猴子的心。這時，鱷魚違背承諾，通常這種時候違背承諾我們會覺得不應該，但究竟是不是真的不應該，當然也還要看其他未知的條件。然而，這時猴子卻很聰明地跟鱷魚說，牠的心放在岸邊的樹上，沒有帶在身上，但牠承諾只要到了對岸，就去拿心給鱷魚吃。

鱷魚信以為真，便繼續載送猴子渡河，但猴子一上岸就一溜煙爬到樹上，再也不理會鱷魚了。這很明顯的，猴子違背了承諾，但是沒關係，在這種緣起的條件下，無須執著於信用，就歡喜違背承諾吧！一點都不需要在意，也不用有違背承諾的罪惡感。

然而，如果猴子正在修行真諦，回到樹上後，真的把心拿下來給鱷魚吃，這樣是否是錯誤的舉動呢？是否是不當的執著呢？這個問題很難回答，還是需要先了解一下猴子究竟是怎麼想的。如果牠真的只是因為執著於遵守承諾而做這件事，我其實不太贊成，但是，我仍然會對他堅定的修行之心報以敬意。

一個違背誓言的智慧，卻意外會通了儒釋道

有一個類似的故事發生在陶淵明時代。有一天儒者陶淵明和他的一位道士朋友陸修靜，與佛門朋友慧遠禪師在寺裡聚會聊天，三人聊得很開心，該道別時仍意猶未盡，禪師便一路送他們離開，邊送客邊談天，三人有說有笑，聊到忘我，在不知不覺中過了虎溪橋，直到傳來虎嘯聲，大家才發現，「怎麼過橋了呢？」這是因為慧遠禪師曾經立誓：「送客不過虎溪橋。」三人驚覺慧遠禪師違背了誓言，驚訝地面面相睹，但沒過多久，卻一起開懷大笑。

笑什麼呢？無論屬於儒、釋、道哪一條智慧溪流，都匯集到了此處。雖然儒釋道全部反對違背承諾，但在一種只能意會的智慧底蘊下，違背承諾卻是一場值得開懷大笑的人生樂事。這也是因為一切法則都是緣起性空，才能開出這朵智慧之花。

21 佛教是否重男輕女，甚至歧視女性？

佛教是否重男輕女？這個問題可以很簡單的回答：「是。」只要看看各種法會時，總是男先女後，就差不多有答案了。而最明顯的，在佛教傳統上針對女性出家人（比丘尼）提出的「八敬法」，教導如何尊敬比丘（男性出家人），其中包括有，年長比丘尼也要禮拜年輕比丘，以及比丘尼不能批評比丘，但比丘卻可以批評比丘尼。類似這種不對等的法則都明顯是重男輕女的表現。

另外，從佛教最終極目的「成佛」來看，也有女身無法成佛的說法，比丘尼要成佛得先修成男身才行。雖然佛學是否真的有這樣的主張尚有爭議，不過，即使相信女身可以成佛，也通常會認為難度較高、障礙較多。從這裡來推論，就像女性要跑一百公尺才能到達終點，但男性只要跑五十公尺即可，男性至少在先天上比女性更接近成佛的終點，這自然也算是重男輕女的看法了。

重男輕女與歧視不完全相同

然而，第二個問題，佛教是否歧視女性呢？這要看究竟怎樣才算是歧視？如果依據最寬鬆的定義，那就是只要有所區別就算歧視，在這種情況下，重男輕女的觀點就可以算是歧視女性了。

這樣的定義意義不大，這和討論重男輕女就沒差別了，所以我們這裡採用不同的定義，把歧視定義為至少要有輕視的態度，而不只是有差別的觀點。然而，即使這樣定義，通常只要具有重男輕女的觀點，就會有歧視女性的心態。但從不同時代與不同文化的角度來說，卻未必如此。

例如，假設我認為男人比女人更優秀，那麼，我應該具有歧視女性的心態。現代任何人若有這樣的觀點，都應該具有歧視女性的心理，那是因為目前社會文化偏向男女平等，主張男女各有優勢還算可接受，但不能主張整體來說男性比女性更優秀，如果這樣主張，就表示反對當代男女平等的主流意見，等於是具有刻意看低女性的態度，那就算是歧視女性了。

然而，在古代，在當時文化的影響下，幾乎所有人都有男性比較優秀的觀點，那他們也有歧視女性的心態嗎？其實未必。首先，如果根本沒有去思考過男女優秀不優秀的問題，在當時文化影響下，就自然會認為男性比較優秀，根本不會有刻意看低女性的態度，也就沒有歧視的心理狀態。另外，依據古代優不優秀的評量標準，比較能耕田、打獵、作戰等等的男性被認為比較優秀是一件事實，既然是事實，也就沒有刻意看低女性了。

孔子是否也歧視女性

以孔子來說，孔子曾經主張，女人和缺乏大志向的人都很難教育。（唯女人與小人難養矣！）難道連孔子也歧視女性嗎？依據史實記載，孔子在態度或是內心裡看起來並沒有歧視女性的心態，從他跟好學的南子見面一事來推斷，以及他所強調的「有教無類」的觀點，只要想學、願意學，就全力以赴，不會嫌棄。以這角度來說，他應該沒有任何歧視女性的心理，然而，卻為何又認為女人很難教育呢？

要回答這個問題，我們需要回到古代的文化脈絡去理解，孔子說這句話，應該是一件他所觀察到的事實。在那個時代，女人普遍沒有被期待受教育，也沒有被期待未來要做什麼大事業，不但不被鼓勵唸書學習，甚至還認為女子無才便是德。由於人們都希望受到他人肯定，女人也可能傾向於為了去滿足他人的期待，不去學習、刻意表現出自己學不會，或放大自己在學習中遇到的困難以表現自己不適合學習等等，這都屬於不同價值觀所造成的時代產物。在這種情況下，眾人所看到的自然就是女人很難教的結果了。

所以，孔子這句話只是說出當時社會的面貌，至於「女人為什麼難教育」，孔子並沒有進一步闡述。由於孔子並沒有留下自己的著作，所有關於孔子的學說，都是他人寫的。所以，說不定孔子有說，但被省略而沒有被寫下來；說不定這句「女人不好教」的下文是孔子反對當時抑制女性成長的文化，但如果真是如此，這後文很可能由於與當時的社會風俗不符而被忽略。

簡單的說，就算有重男輕女的觀點，也不表示歧視女性，必須返回這種觀點被設立時的文化來理解。所以，在八敬法等佛教禮儀、教義被制訂時，屬於重男輕女的社會，於是這種文化傳統就理所當然地被放進宗教禮儀了。當我們發現佛教裡有重男輕女的觀點時，只是反映了當時的文化，當時的人們不見得有歧視女性的心態，相反的，他們可能也很尊重女性，只不過尊重的標準不太一樣而已。其實大多數宗教都有類似的問題，像是在天主教裡，女人是永遠無法擔任像是神父一般高地位的神職人員的，但他們一樣尊重著女性。

現在還應遵守過去定下的重男輕女傳統嗎？

那麼，到了現代，文化已經轉變了，佛教徒是否應該繼續遵從這種重男輕女的傳統呢？要回答這個問題，可以先做一個簡單的思想實驗。假設佛教是在今天才被創立，是否還會有像是八敬法這樣的教義，以及女身無法成佛的觀點呢？我想這個答案應該很明顯，「絕對不會」。既然如此，那為何還要繼續遵從這個傳統？

或許有人會說，這些重男輕女的觀點並不只是受到過去文化影響的產物，而是佛陀的教誨，由於佛陀是不會搞錯的，所以我們當然要繼續遵從佛陀的教誨。

這個說法其實很難成立。尤其佛陀的根本主張之一是「眾生平等」，光是這個看法，就很難主張佛陀具有重男輕女或甚至歧視女性的觀點了。如果再加上緣起性空的觀點，主張一切價值判斷（包括重男輕女）都沒有任何必然的支撐點，那就更不能執著於任何不符現代社會的觀點了。

男女平等才是正確的嗎？

從眾生平等可以推出兩性平等，那是不是說，佛陀其實是主張兩性平等的？或許現代佛教徒會很歡迎這樣的說法，認為佛陀高瞻遠矚。現代人之所以會有這種想法，其實是因為受到現代文化影響，認為男女平等才是理所當然正確的，所以前面也說了，如果佛教創立於今天，其教規必然充滿著男女平等的觀點。然而，無論重男輕女或是男女平等，或是說不定某些地方曾經也有重女輕男的文化，這些都是隨著文化變遷而產生的社會文化現象，從緣起性空的角度來說，這些都不是必然的。簡單的說，任何法則都具有空性，都有例外的時候，都不是理所當然的真理，都只是一時的文化現象。

為了符合現代文化，我們可以將佛教重男輕女的傳統改成男女平等，同樣的，未來人也可以把男女平等改成更符合未來文化的觀點，讓佛教繼續用更適當的方式造福人群。這些都屬於可變的世間法，沒什麼好留念，也沒什麼好執著的，但是有些東西，屬於佛教更核心的事物，像是慈悲心、擺脫無明的智慧，以及藉由內觀來認識自我等等，則需要更審慎堅持。當然，佛教既然是講空性，一切皆空，那就沒有什麼是不能放下的了，遇到不適當的法則、價值觀時，就不再執著，就放下，這才是學佛的正道，才是真正的大智慧所在。

22 出家人不顧家庭，離家求道，於心何忍？

閱讀佛陀傳記，有時會產生一個疑惑，「佛陀這麼偉大，為何會捨棄妻兒離家出走呢？不管為了什麼，不是很沒責任感嗎？他不是應該要照顧妻兒嗎？」其實就算到了現代，想出家的人，也經常會受到這類異樣眼光的質疑，甚至很不被諒解。

依據通俗道德觀但缺乏反思時，容易產生本末倒置的行為

這個問題，其實是一種通俗的道德價值觀作用下的產物。「通俗道德價值觀」指的是在一個社會群體中，多數大眾所相信的某些道德與價值觀點，這些觀點通常缺乏深度反思，雖然大體上沒什麼問題，但在某些特殊狀況下並不適用。

不過，眾人仍習以為常依據這些觀點做出道德判斷，並譴責他人，有時甚至都已經本末倒置了還繼續堅持。

舉例來說，在新冠病毒肆虐進入三級防疫期間，政府要求大眾出門都一定要戴口罩，這時，社會大眾普遍認同「在外戴口罩才是對的，不戴就是錯的。」於是形成了一個普遍接受的通俗道德價值觀。這個觀點大體上是沒有問題的，但在缺乏深思時，就容易忽略了某些不適用的狀況。

例如，看見遊民獨自在公園吃便當沒戴口罩時，就立即做出道德判斷，然後（比較有行動力的）走過去罵人，甚至報警處理。這種簡單套用通俗道德價值觀的行為，由於缺乏反思，便容易將道德法則用在不當之處，甚至做出這種本末倒置的行為。

「在公園不戴口罩」這確實違背了當時的道德標準，這個判斷是沒有錯的，但只要稍微深思一下就會發現，遊民根本無家可歸，你要他去哪裡吃飯？何況，在外戴口罩的規定是為了防止有人不戴口罩而傳染或被傳染病毒，但獨自一人在公園吃飯並無此疑慮，大可睜隻眼閉隻眼，不用太在意。另外，無論是自己走過去罵人或讓警察前去取締，都反而增加人與人近距離的接觸，雖然這種接觸沒有違背道德標準，但從防疫的角度來說，此行為反而比遊民獨自在公園吃飯還更有傳染風險，這種本末倒置的行為屬於缺乏智慧的結果。為避免這種後果，對於任何看似違背道德價值觀的事情來說，都需要深思，不要簡單套用法則就下斷言。

佛陀絕對不像你們想像的那樣

記得有一天，《高山上的世界盃》電影導演，也是知名的藏傳佛教老師宗薩欽哲仁波切到本校演講，他以幽默的口吻說，「佛陀絕對不像你們想像的那樣很慷慨、很精進、很努力、很善良、每天早睡早起做早晚課、還很胖的那種人。因為，佛陀的智慧是超越善惡的。」此處，他想表達的是，用人類的善惡觀來框限佛陀的智慧是不當的，因此，針對這個出家人會遇到的「不顧家庭」的質疑來說，屬於訴諸通俗價值觀的想法，當我們深度反思這些價值觀後，或許就會有不同的觀感。

舉例來說，針對佛陀受到的質疑，我們可以試著思考，為什麼會有「丈夫應該照顧妻兒」這樣的價值觀呢？這個觀點明顯來自於男主外的社會，男人是家庭經濟的主要來源，失去男人的收入，家庭便容易陷入困境，然而，佛陀有此一問題嗎？佛陀是王子，家裡根本有用不盡的財富，妻兒的生活完全不用他煩惱。當然，在古代，除了經濟來源，男人肩負著保護弱小妻兒的責任，但佛陀居住在王宮裡，也沒有這樣的需求。所以只要深思一下，就會發現，這些價值觀其實不適用在佛陀身上。

然而，雖然這些不適用，但他離開後妻兒自然會難過，父母也會難過，我們一樣可以質疑，難道他不該為了親人的感受而留下嗎？

這裡牽涉到的問題，就在於世俗價值觀與非世俗的宗教價值觀的差異了。雖然在世俗世界裡，我們認同「不要做出讓親人感到難過的事情」的價值觀，但用世俗價值觀來框限宗教大師，自然是不適當的做法，因為在宗教裡，有許多比世俗價值觀更有價值的事情值得去做。當然，這並不是說世俗價值觀不用遵守，而是優先次序的問題。如果可以避免違背世俗價值觀當然最好，但是，當世俗價值觀與宗教價值觀衝突時，就很難說誰對誰錯了。至少從佛教的觀點來看，出家可以帶給原本的家人更多的福報，以及可以給全人類帶來更大的福祉，就像如果子女或是父母為了家庭未來而長時間出國打拚，難道也該受到譴責嗎？

從緣起性空的角度出發

從緣起性空的角度來說，任何法則都有例外的時候，如果把眾人已經習慣的世俗價值觀視為理所當然，缺乏深度反思，套用在所有案例上，就會在某些需要例外考慮的時候衍生出問題。簡單的說，出家求道，在不同的考量下，有時會比照顧妻兒、做個盡責的父親，還要來得重要。

既然如此，人人是否應該學習佛陀，放棄家庭，出家修行呢？所有人都出家修行感覺似乎不妥，那麼改一下說法，對於想要出家求道的人來說，是不是都可以放心去做，絕不會錯呢？

當我們這樣想的時候，就又再度套用簡單的價值判斷在思考了。這等於把「出家求道比照顧家庭更重要」當作是一件理所當然的事情，當我們套用這個價值判斷，那麼，所有想出家求道的人就都可以放棄家庭，而且算是做出正確的選擇。這樣的思考一樣缺乏反思，而且違背緣起性空，因為，這個價值法則一樣具有空性，一樣會有例外的時候，緣起條件不同時，選擇就會不一樣。

這也是為什麼常常有人說，想出家的人未必出的了家，還要看看機緣是否來到。如果機緣未到，那可能就是例外的時候了。那要如何判斷機緣呢？其實也不難，只要能化解所有障礙，就是時機成熟的時候。那是不是只要有障礙就不該出家？當我們這麼想的時候，就又再度掉入套用價值觀到一切事情上的思考了。當然這也會有例外的時候。

另外，學佛是要學習成佛後的佛陀，並不是要學習成佛前的佛陀，而且，就算要學習成佛後的佛陀，也不是一成不變的模仿。就像佛陀在修行過程中放棄苦行，還被嘲笑忍耐力太差，受不了苦，可是，如果認為那是一條走不通的路，又為何要堅持下去呢？

23 佛學的「慈悲為懷為所有眾生」心境很難達成，要如何開始？

在人們「我執」的視界中，總是以自我為核心。日常生活中，總有可能會去做一些對自己有利但對公眾不利的事情，像是沒人看見時亂丟垃圾、有人脈時尋求特權，以及不當運用職權等等。其實眾多對自己有利的事情中，並非全然對他人或對社會有害，像是去運動場跑步、吃一頓美食，或是偷懶睡個午覺。而且，也有許多事情不僅對自己有利，對他人也有利，像是開一家賺錢的健康飲食店，或是捐一點多餘的錢卻能獲得好的名聲。

人們對於幫助別人而且同時有利於自己的事情，大多很樂意去做。做這些事的主要動機，往往是因為有利於自己，但內心總會特別注意到有利於他人的那一面，於是覺得正在幫助他人的自己道德高超，但實際上卻未必如此。

要判斷自己是不是也是這樣，其實不難，可以先看看自己平常對於幫助別人但卻完全沒有任何利益的事情，是否興趣缺缺就知道了。例如，去做一件隱姓埋名、沒有人可以看見的好事，所謂為善不欲人知，對這樣的事情是否感興趣呢？

人們通常心情好時或是無聊時才會願意去做這種利他而完全無利於己的事情，而且，對於幫助別人卻對自己不利的事情大多不願去做，或是根本無視，找個冠冕堂皇的理由推託。這些都是正常人性的作用，除非是刻意修行的人，否則大多沒有例外，差別只在於認不認識自己的這一面而已。

修行慈悲心改變內心狀態

然而，當人們內在慈悲心開啟之後，情況就不同了。慈悲心的作用，會讓我們去做一些對他人有利卻對自己無利，甚至有害的事情，而且還會心滿意足地這麼做。舉例來說，看見一隻遇難的小貓，把牠救起來，花了許多時間和金錢，幫牠找到願意守護牠的飼主，整件事情很麻煩，損失時間和金錢，沒有獲得任何實質利益，甚至也不見得會得到什麼讚美的聲音，還說不定得到更多的批評。

但許多私人貓中途都在做這樣的事情。為什麼呢？理由很簡單，因為他們的慈悲心已經籠罩這些貓，於是心甘情願地這麼做。每成功救助一隻小動物，都感到豐富的生命欣喜，當人的慈悲心可以籠罩更多面向，自然就願意為更多眾生伸出援手，而不在意個人利益。但這需要培養慈悲心。

想要展開這種慈悲心的修行，有兩個方向。第一，就是以修行為目的，勉強去做，但這種勉強其實功能有限。我們可以強迫自己的行為，卻很難強迫自己的內心世界，我們可以強迫自己去幫助別人，但很難強迫自己「發自內心」去幫助別人。不是辦不到，只是很難，需要學習去掌控自己的內心情感，久而久之，還是會有成效。

將「我」擴大的修行

另一個方式，就是去擴大那個我執中的「我」。如果可以真切感受到眾生之苦，那眾生的苦就是自己的苦，自然就會慈悲為懷想要度眾生，一點都不需要勉強。就像有些很愛子女的父母，看到子女受苦比自己受苦還要更難受；看見子女快樂，比自己的快樂更豐富，在這種心境下，幫助子女離苦得樂，就是為了自己離苦得樂。如果能把這樣的心意擴散到所有眾生，度人如度己，沒有分別，但重點在於，如何能夠真切感受到眾生之苦呢？

舉個例子來說，為什麼某些父母對子女的苦樂這麼敏銳？只是因為有著親子關係嗎？顯然不是，因為並非所有親子都如此，尤其如果出生後就長期沒見面的父母，基本上不會有這樣的情感聯繫。

從另一個角度來說，某些寵物飼主也對自家的貓狗有著很強的情感羈絆，只是因為這些寵物很可愛嗎？不是的，他們絕對相信有其他人家的寵物更可愛，但是對那些可愛寵物卻不會有這樣的情感。那麼，是否是生活在一起久了就會生出感情呢？其實也不盡然，許多親子每天生活在一起，反而更像仇人，某些寵物飼主甚至可以把養了好多年的貓狗遺棄到荒郊野外，那麼，這樣的情感聯繫究竟是如何形成的？

首先，第一個先決條件是「同理心」。所謂「同理心」，就是試著想像他人感受。把自己的腳放進他人的鞋子裡穿穿看，就可以知道他人的鞋子穿起來如何。我們可以試著想像自己遇到像他人一般的處境時，會有什麼樣的感受，並試著想像他人感覺如何？在這樣的想像中，某種感覺會在自己心中升起，就像去想像一個緊張的場景，自己也會開始緊張起來。由於想像會帶來真實的情感，當我們想像他人情感時，自己也同時升起了一樣的情感，想像力越好，情感就越強，就越能體會他人感受。

如果長時間這麼做，這樣的想像就變成了一種自動機制，當他人遇到某些處境，自己的內心自然會升起相對應的情感。這時，我們的自我就開始擴張了，不再是那個在我執中小小的自私的我，而是跨越了自己與他人所建構出來新的自我。

同理心未必都能正確解讀他人

當然，想像不一定正確，有時因對他人的不了解，或是想錯了某些事物導致誤解，在這種情況下，反而會給彼此間的關係帶來困擾，這時就會有「我明明是對你好，為什麼你這麼不領情」的狀況發生。因為，畢竟他人的感受是我們自己的想像，不見得真是這樣，所以，我們需要學習心理學知識與好的推理能力，以避免因為人與人之間的差異而錯誤理解他人。

另外，我們也可能有著錯誤的人性觀，自己其實都不太理解更深度的自己。就算自己與他人在某些地方類似，也不可能真正了解，所以，認識更深度的自我也是避免錯誤解讀他人的一項重要工作。

這些步驟，主要在於能和那些跟我們長時間生活在一起的親朋好友建立同理心，並且擴展自我的範圍，但對於陌生人來說，除非刻意去想像，否則很難有這樣的效果。

這就像常有人說「不打不相識」，因為某些衝突，不認識的彼此看不順眼，大打出手，想去傷害對方，一點悲憫心都沒有。這種時候，對方在自己的自我中完全沾不上邊，屬於自私之心以外的存在體，甚至是危害自我利益的存在物。然而，打了以後，互相開始認識對方，互相開始去思考對方的感受，當同理心起了作用，就開始將對方納入自我的範圍裡，這時，對方的存在就逐漸變成自我的一個小部分，當對方與其他陌生人有爭執時，自然就站在這位新朋友這邊了。那麼，當我們想要把眾生都納入自我的領域裡，是不是一定要一個一個去認識呢？

其實不用。佛學告訴我們眾生皆苦，眾生都處於無明之中，受制於各式各樣執著之苦，我們或許不知道任何一個陌生人受制於什麼樣的無明，但只要智慧之眼可以看見這個眾生皆苦的事實，就自然能夠形成悲憫之心。所以，去了解為何眾生皆苦；去了解人們為何陷入執著的苦中無法自拔；去了解人們皆處於無明之中而不自知，無論他們看起來多麼光鮮亮麗、多麼傲慢自大、多麼志得意滿，其實都在迷失、都在受苦、都處於無明而不自知。當我們的眼光能看見這裡，自然也就能升起對眾生的慈悲之心了。

24 眾生真的陷入無明而不自知嗎？

從佛學的角度來說，世界的真相是不起煩惱的。人們之所以有煩惱，是因為陷入迷惑之中，而這種製造煩惱的迷惑，就叫做「無明」，所以，脫離了無明，就是認識了真實的世界，也就脫離煩惱了。

「人為何會落入無明」是個假問題

那麼，人為何會陷入無明呢？這在佛經上並沒有一個明確的解答。簡單的說，無明並沒有一個開始，它被稱之為「無始無明」，從一開始就存在了，所以，如果要問「我們在陷入無明之前是什麼樣子」，以及「我們如何陷入無明」都是沒有意義的假問題。既然沒有「開始」，就沒有「之前」，也沒有一個發生的過程，更不用談發生的源由了。

如果硬要去談，就容易迷惑在語言文字所堆積起來的迷宮裡，哲學家稱此類問題為「偽問題」，或是「假問題」，意思是說，這些問題並非由真實世界所構成，而只是語言文字的混淆所導致。就像在問「先有雞還是先有蛋」一樣，當雞與蛋被循環定義之後（雞生的蛋叫做雞蛋；雞蛋孵出的東西叫做雞），就已經沒有先後的問題了，硬要問先後就是在誤用語言，製造文字上的混淆，因此它們也不可能有解答，硬要去解，也只會越走越深入迷途的森林。這類問題不能被解答，只能被解消，也就是找出文字上的錯誤之處，讓問題消失。

或許我們可以說，這就像是意識的原始本質一樣，意識的出現，就伴隨了無明。所以，一切有意識的生命，都在無明之中。

但如果我們這麼解讀，就會陷入另一個問題。既然意識從一開始就伴隨了無明，這似乎是說兩者是一體的，那要如何解脫無明呢？就像是想要把硬幣的一面去除只保留另一面一樣，感覺上是根本不可能的事情。

無明其實並不是真實的東西

然而，更深度的佛學對這問題提供一個可能的解決途徑。《心經》說：「無無明，亦無無明盡。」這也是在空觀下所照見的觀點。無明，其實是一個不具有根源性、必然性的東西。它其實也是空，所以，以空觀來說，並沒有所謂的無明，當然也就沒有什麼叫做從無明中脫離的狀態。意思是說，「陷入無明」，其實也只是一種假象，所謂脫離無明，其實不過就是發現這個假象而已。

之前我們有說，「空」也可以用「假」來解讀，那麼，我們可以說，無明其實是假的，而無明是煩惱的源頭，也就是說，這個被我們認為是煩惱源頭的東西也是假的，換句話說，煩惱也是假的。當我們可以看穿這一切時，自然也就從無明的陷阱中跳脫出來，也了卻了一切煩惱。

所以，從空觀看無明就比較合理。無始以來，其實並沒有無明這種東西，但意識有一種傾向會讓自己因看不清真相而陷入煩惱之中，這整個狀態就稱之為無明。要從這種狀態解脫，並不是要去破除任何東西，因為沒有任何東西在那裡需要被破除，我們要做的，其實就只是看清真相而已。看清了真相，無明就自然消失了，因為，它原本就不在哪裡。

但是，看見真相卻很困難。因為我們會誤以為現在所體驗的、理解的世界就是真實世界。前面這句話並不是說，眼前這張桌子不是真的桌子，我們暫且不用去管桌子，桌子是不是真的並不重要，重點在於，我們對各種煩惱的理解、認識都不是真相。例如，你很討厭一個人，因為你覺得這個人的內心很這樣又很那樣，但是，如果有一天，你真的感受到他的內心世界，就會發現真相跟你想的完全不一樣，他的內心跟你其實沒有什麼差異。人人皆具佛性，人人也都在迷失之中，等你認清了事實，你就不會再討厭他了。

從思考角度看見無明

想要遠離無明，首先必須看見無明，也就是至少要先知道自己所認識的世界其實不是真相。但這很困難，因為既然無明是假的，假的東西又如何被看見呢？而且，如果我們看不見真實世界，又怎麼能知道所看見的世界是假的？如果我們可以看見真相，也就自然脫離無明了，又何須思考如何脫離無明？

是的，我們其實不可能看見真正的無明長得什麼樣子，也可能無法確認自己在無明的迷失之中，但我們可以透過信仰，或是智慧的提昇，發現自己可能陷入無明而不自知。

這種狀態很容易理解，就像我們會發現世界上很多人「不懂卻自以為懂」，但從沒有人可以確認自己是如此，因為，「不懂卻自以為懂」這個詞彙永遠都只會用在別人身上，而不是自己。道理很簡單，如果知道自己「不懂卻自以為懂」，那就不是「不懂卻自以為懂」，而是「知道自己不懂」。然而，每個人都一定會有「不懂卻自以為懂」的事情，差別只在於多寡，簡單的說，「不懂卻自以為懂」適用於所有的人，只是我們自己不知道而已。有了這個推理，就可以很有把握的推測，其實自己也有無知卻自以為知的時候，只是看不見而已。

也就是說，「無明」和「無知」一樣，都是很難自我發現的狀態。這並不是說所有自己的無知都很難發現，有些無知很容易發現，像是我沒學過西洋棋，不會下也不懂其中奧妙，這種無知很容易發現。然而，有些無知很難發現，而且在發現前，都會處於一種「不懂卻自以為懂」的狀態，這種狀態會給自己帶來危害，尤其在訴諸錯誤知識後所導致的錯誤抉擇，有時一不小心甚至是致命的。

「無明」也是一樣，我們可以看見許多人因為某些錯誤的理解、錯誤的觀點、不當的價值觀，以致給自己帶來沒必要的煩惱。例如，某個女生因為沒有化妝不敢出門，怕被路人嘲笑，實際上，從我們的角度來看，她化不化妝差異可能不大，但即使我們說破了嘴，也無法撼動她的煩惱。這時只能輕嘆一聲，何苦給自己帶來沒必要的煩惱呢？但是，女孩卻不認為這是不必要的煩惱。

走出無明的通道

然而，針對自己的煩惱來說，我們一樣看不見那條讓自己煩惱消失的觀點，所以這些煩惱便被自己視為值得煩惱的事情，但是，一定可以找到有人認為我們的某些煩惱是沒必要的，至少這些煩惱對他人來說是無關緊要的。也就是說，如果我們的內心可以和這些人一樣，那麼，這些煩惱就會消失；如果我們的所有煩惱都是這樣的話，那只要學會不把這些煩惱當煩惱的人的觀點，煩惱就可以全滅了。

如果能想到這裡，我們就像可以從高處觀看自己，看見了自己的各種煩惱其實都是沒有必要的，只是還不知道為什麼它們不是必要的。學會了這個智慧之眼，就等於看見了無明，看見了走出無明的一條通道。我想，這個思考的角度也是遠離無明的其中一條好的起點吧！

25 為什麼做很多善事卻沒有任何功德？

「做善事，累積功德，就比較容易成佛。」這是一般佛教信眾的想法。但是，一千五百年前的南北朝時代，在達摩祖師和梁武帝的對話中，否定了這個主張。

梁武帝是個篤信佛教的皇帝，造橋鋪路、建廟寫經、培養僧人，做了非常多佛教認同的善事，這些也都是一般佛教信徒眼中的功德。於是，梁武帝在見到達摩祖師時很好奇（應該也很自豪）地問，不知自己究竟累積了多少功德？然而，達摩祖師的回答卻讓他大失所望，「沒有功德。」怎麼會這樣呢？

功德不等同於做善事

要解開這個疑惑，我們先來探討一下，什麼是「功德」？由於眾人習慣用賞善罰惡的角度來看佛學，所以容易產生一個觀念：做好事就有好功德，做越好的事情，就有越多的功德。梁武帝造橋鋪路又蓋廟，做的好事非常多，照理說應該有很多功德才對。如果我們把功德視同為做善事，毫無疑問的，梁武帝當然有很多功德，那麼，為什麼達摩祖師說他沒有功德呢？如果達摩祖師是對的，那顯然我們這種對功德的通俗觀點是錯的，或者至少可以說，達摩祖師在使用「功德」這個詞彙時，用的可能是與當時風土民情不同的定義。那麼，這個定義會是什麼呢？

讓我們換個角度思考，行善的目的如果是為了成佛，我們便可以試著從尋求成佛解脫的角度來理解功德，那麼，所謂功德，應該是指能夠幫助我們成佛的力量，而所謂的成佛，其實就是從苦中徹底獲得解脫。所以，功德也可以看做是協助我們獲得解脫的力量，解脫最重要的是要脫離我執與無明，要脫離我執與無明，需要學習緣起性空的觀點。照這樣推理，所謂的功德，其實就是能夠協助我們跳脫我執與無明，以及學會緣起性空觀點的助力。

行善是否有助於跳脫我執與無明？

那麼，我們可以問一個問題。行善是否有助於我們跳脫我執與無明呢？答案是：「是，也不是。」重點在於，行善背後的那個動念是什麼？有些行善的動念有助於協助我們跳脫我執，有些卻沒有，也就是說，有些行善有功德，但有些行善沒有功德。梁武帝的行善大概就屬於沒有功德的這一類。

那麼，我們可以區分兩種行善，區分方法就是去判斷是否對於我們跳脫我執、無明，以及學會緣起性空觀點有幫助。如果有幫助，就是有功德，幫助越大，功德越大；若沒有幫助，就是走錯了修行的方向，沒有功德。

從跳脫我執的角度來說，**行善可區分成在我執中的行善，與遠離我執的行善**。前者不僅對脫離我執沒有幫助，說不定還會加強我執的效果，走修行的回頭路。

兩者的主要差異在於，行善的真實動機，是否是為了那個應該要被去除的我執？怎麼說呢？有些人行善時，覺得自己做了好事，就可以成佛或是成就菩薩，可以獲得什麼功德，或是希望能被人看見，獲得榮耀、好名聲，甚至只是假裝自己是個大好人而圖謀其他利益。在這種動機中，行善的目的其實就只是為了那個被執著的「我」的利益，不但對跳脫我執沒有幫助，反而更強化我執。我猜想，梁武帝的行善動機大概就屬於此類。這樣的行善動機，在業力的運作下，或許可以增加未來的福報，但從成佛的角度來說，則是一點幫助都沒有，還說不定有反效果。所以，如果從有助於成佛的角度來看功德，那麼，這類的行善是沒有功德的。

然而，如果行善時，內心可以盡可能擺脫原本我執中的我，跳脫私心，去感受他人的痛苦與需求，去感受他人的喜悅，在這樣的心境中，內心開始廣納他人的情感，乃至於眾生，便開始擴大原本我執中的那個我，這樣的心念就能協助我們跳脫我執。

當內心世界包含的眾生越多、越廣，就越能跳脫我執，在新的（擴大了的）自我觀點下，就越容易轉換成「無我」的境界而脫離無明，也就越能發現原來自我其實並沒有自性，也就更容易體會緣起性空的觀點。這條路線才是邁向解脫成佛的道路，越能往這個方向走，就有越多的功德。我想，從這角度來解讀「功德」比較能呼應達摩祖師與梁武帝的對話，而且或許也是比較恰當的理解方式。

26 因為內心會感到快樂才去幫助別人是利他還是利己？有功德嗎？

前一篇提到，若非發自內心去幫助別人就沒有功德，要有功德，需要去感受以及了解他人的需求，並且內心必須以協助他人渡過難關為目的才行。唯有這樣，才對佛學談的從苦中解脫有幫助。

然而，有一種行善其實並沒有想太多，只是覺得幫助別人會感到喜悅、快樂，於是就幫忙別人，社會上應該有很多這樣的人。那麼，這有功德嗎？

康德認為「感到快樂而助人並非真正的道德」

有人認為，由於自己會感覺快樂而去幫助別人從根本來講不是利他，而是利己，因為這種助人是為了追求自己的快樂，既然是利己，怎麼會有功德呢？

尤其十八世紀的德國哲學家康德甚至主張，這種行善不能算是道德行為，他認為真正的道德行為不是來自於個人喜好，而是來自於個人意志，從思考、理性的角度覺得是對的就要堅持去做，不是因為想做而做，而是應該做而做，這才叫做「道德」。

然而，在這個問題上，東方哲學的儒家顯然不認同。舉王陽明的「致良知」學說來說，以符合良知為依據來做事是令人感到安心、喜悅的，我們需要不斷擦拭自己的良知，讓它清楚顯現，並依據它的引導處事。這樣的主張基本上就是要求我們的行為遵循內心感受，而這就類似因為幫助別人會感到快樂而去幫助別人的狀態了。難道儒學最推崇的道德在康德眼中卻不是道德了嗎？如果真是如此，佛學培養慈悲心的主張其實也跟儒學的良知觀點類似，這似乎意味著連慈悲心的行為都不是道德行為了。

這個問題看起來有點令人困擾，但仔細想想其實沒有什麼大問題。因為，康德心目中最推崇的是由意志主導的行為，而非由情感主導的行為，簡單的說，只是注重的點不一樣而已，算不算道德行為，也只是定義的問題。如果問康德依據良知或慈悲心去做事究竟是不是好事，他當然會說「是好事」，不可能反對。所以不管在他的道德哲學定義下算不算是道德行為，其實沒這麼重要，他在建構道德理論時，只不過是從不同的角度出發而已。那麼，我們要關心的問題應該在於，這樣的行為是否有利於脫離我執呢？

因助人感到快樂究竟是利他還是利己？

首先，這種因助人感到快樂的處事方式真的是利己而不是利他嗎？「為了追求幫助別人後的快樂而去幫助別人」這種動機看起來像是只為了自己，然而，客觀來說，確實也幫助別人了，這不也利他了嗎？至少從結果來說，如果沒有幫倒忙，應該是利他的。

當然，要談功德，動機比較重要，如果有人幫助他人純粹只是為了幫助他人後的那個快樂感，從這角度來說，似乎真的只是利己，而這樣的動機可能只會讓我執越來越強，那麼就應該是沒有功德了。

然而，這樣的推理雖然聽起來很合理，但問題沒有這麼簡單。讓我們進一步思考，為什麼我幫助別人會感到快樂呢？舉例來說，如果有個小女孩的氣球不小心飛走了，卡在樹叢間，她在樹下哭得死去活來，我從旁路過，伸手就把它拿了下來還給她，她高興地破涕為笑，這時，看見她的快樂，讓我也感到快樂。就算我喜歡這樣的快樂，讓我未來喜歡繼續做類似的事情，但我們可以思考一下，這種快樂究竟是怎麼來的？

答案很簡單，重點在於，我感受到了她的快樂，如果我沒有感受到小孩的快樂，應該就不會有任何助人快樂的感覺了。康德認為在類似情況下，即使我們沒有感到任何快樂，還是應該依據意志去做該做的事情，他的道德理論主要是針對這種情況。

若被幫助的人其實不快樂

想像一下，情況稍微改變，一個小孩的氣球卡在樹上，但小孩並沒有哭，因為他對那個氣球其實不太在乎，也沒有很想要拿回來。這時，你剛好路過，順手把氣球摘下來交給他，你可以感受到他並沒有快樂的情緒，但仍舊很有禮貌的跟你說聲謝謝。這時，你一樣幫助了別人，有感到快樂嗎？應該不太會，為什麼呢？

「因助人而感到快樂」，這並不是一條行為與情緒的交換公式。簡單的說，幫助別人不一定會感到快樂，除非你的幫助是真的讓對方感到快樂，而這時你的快樂來自於分享了他人的喜悅，所以，如果沒有投射出自己的意念去感受他人的情緒，幫助別人是不會快樂的。

只要去感受他人的情緒，其實就在某種程度上踏出了我執，越常這麼做，也就越能脫離我執。從這角度來說，「因為幫助別人很快樂而去幫助別人」對於脫離我執是有幫助的，那麼就符合功德的條件了，所以，這麼做是有功德的。至於這樣的行為究竟算不算是真的道德？這個問題，在追求成佛的路上還真是一件無足輕重的小事。

27 無論什麼問題，放下了就海闊天空，但最大的問題是如何放下？

在西方哲學中，我很喜歡一種興盛於羅馬時期，屬於實踐哲學的「斯多葛主義」。實踐哲學和一般哲學理論不同之處在於更為重視「人該如何生活」的問題，而且，斯多葛主義所崇尚的生活方式，大概是西方哲學中和佛學相似度最高的一個學派。

斯多葛主義主張生活中有三大準則。第一，培養智慧，學習去區分該放下的，以及該面對的。第二，培養勇氣，勇敢面對一切該面對的。第三，培養平靜的心，去接納一切該放下的事物。

斯多葛主義者可能只是智慧不太夠的佛教徒

斯多葛主義這三個準則，和佛學大體上是一致。如果一個人是斯多葛主義者，那他也可以是一個佛教徒，然而，如果更深入比較，就會發現兩者仍有些不同。一個斯多葛主義者，雖然可以是一個佛教徒，但從佛學的標準來看，可能只是一個智慧還不太夠的佛教徒，為什麼呢？

斯多葛主義認為世間事有所謂可放下和不可放下的差異，但對佛學來說，由於諸法皆具空性，沒有什麼是不可放下的，所以，佛學的準則是：第一，放下一切。第二，如果放不下，就扛起來。也就是說，能放下，才是最大的智慧；放不下，那就退而求其次去承擔那個執著。

斯多葛主義所要培養的智慧在於分辨可放下的和不可放下的，從某個角度來說，這和佛學是一樣的，只不過，在佛學智慧的照耀下，所有事物（尤其對事物的執著）都是可以放下的。而學習這種看見一切皆具空性以致於一切皆可放下的智慧，則是佛學最強調的。

所以，從佛學的角度來說，智慧不足時，便放不下，放不下其實也沒關係，就鼓起勇氣提起面對吧！這樣的主張，就會和斯多葛主義雷同。所以，一個佛教徒，也可以是一個斯多葛主義者，而且或許會是一個更有深度的斯多葛主義者。當然，這是從佛學的標準來衡量，才會得出的結論，如果從斯多葛主義的角度來說，則會有不同的看法，因為他們或許不認同諸法皆空。

在日常生活中要如何學習放下？

這裡有個問題，「放下」這個詞講起來很容易，該怎麼做呢？學習智慧，可以透過思考與覺悟；學習勇氣，可以透過意志勇往直前，此兩者雖也都不容易，但相對較容易看見學習的方法。然而，想要放下，該怎麼做？

舉例來說，社會上許多人爭功諉過，因此，在職場上常有下屬要背上級黑鍋的事情，或是功勞被上司搶走的問題，遇到這類狀況，都讓人感到很心寒，如果可以澄清自然最好，但往往只會讓事情更糟。這時最好的辦法大概就是暫時放下，遇到無解問題就先別解了，至少先讓心情平靜。但是，說起來很容易，要怎麼放下呢？

類似的問題，方法大概都一樣，有兩個步驟。第一，運用空觀，讓我們知道這些事情背後都沒有什麼必然的好或壞，所以也沒有非要怎樣不可。這個步驟的用意是在思想上先確定一個觀點，「暫時先放下，其實沒有什麼不對，而且可能是目前最好的選擇。」至少理智上先認同這個做法，再去對付心情上的問題，於是，我們至少有了放下執著的意願，由於佛教主張一切皆空，所以，任何事情都可以透過空觀達成這樣的結論。只不過，有時智慧還不足以照見這條可放下的思維道路，在這種情況下可以去請教他人，看看能否在智者的協助下領悟所遇之事的空性。

下一個步驟，就是進行讓心情也放下的舉動。這個舉動在最初可能效果不佳，就像當我們很討厭一個人的時候，想要忽略討厭的情緒非常困難，但只要經常做這種訓練，經過一段時間的修行，就可慢慢掌握到訣竅，成為一種非常有用的技能。這或許不是三秒鐘就能完成的舉動，但只要能讓情緒減緩下來，就是有效的方法。

想像力有助於訓練放下的能力

放下的訓練，需要運用想像力。舉例來說，念佛時，想像自己就是佛，學習佛的觀點看事情，學習用佛的心境感受萬事萬物，當遇到需要放下的事情時，佛很容易就放下了，心無罣礙，這時就想像自己是佛，心無罣礙地悠遊於人世之間，完全沒有問題。只要想像力豐富，至少在短時間內，可以獲得「放下」的心境，就這樣不斷嘗試，短時間的累積會逐漸增強效果，慢慢就可以放下了。越常去做這樣的鍛鍊，能力就越強，慢慢就具備一個很強的放下能力了。

除了想像自己是佛之外，也可以想像自己是個不與人爭的世外高人，甚至可以想像自己正在病床上等待死亡的一刻，在那樣的處境中，還有什麼放不下呢？還能想像放下這些東西之後可以獲得更多的東西。這些想像都可以協助自己暫時放下心結，久而久之，自然就能鍛鍊出強大的放下能力了。

然而，這裡還有一個重點，有時我們會覺得完全把某件事情放下是不好的。例如，如果比賽輸了，感到很難過，於是運用空觀，看到輸贏其實並沒有一定的好壞，於是放下心來，這麼做是否會降低自己的求勝慾望，反而有害於未來繼續努力呢？而針對前面談到被上司搶功勞或背黑鍋的情況，如果簡單放下，不去反抗，是否未來會不斷被佔便宜呢？

事實上，這些都確實是需要考慮的問題。佛教並沒有要我們放棄一切努力，或是完全任由他人宰割，佛教也不否定各種努力的價值，否則菩薩何不在遇到困難時放棄救渡世人呢？這種放下的鍛鍊，其實可以算是一種能力，能力可用也可不用，當我們遇到暫時沒有方法可以解決問題的處境，而且身陷於痛苦之中，這時運用放下的能力，可暫時取得喘息的空間，再好好運用智慧尋找問題解決之道。我想這才是佛學裡空觀與放下能力運用的適當時機。

就算不是這類需要思考如何解決的問題，而是任何沒什麼用處的負面情緒，都是練習放下的好機會。例如，窗外雷聲隆隆，即使處於安全的室內，仍舊感到恐懼，這種恐懼是沒有用處的，那就趁機好好練習放下的功力，想像自己處於安全環境之中，試著忽視外面傳來的危險的聲音，讓心安頓。若是擔憂一些就算擔心也無濟於事的事情，像是擔心外出家人的安危，就先以斯多葛主義的作法，想想有沒有自己可以做的任何努力來改變現況，如果沒有，那就屬於擔心也沒用的問題，需要用平靜的心去放下，一樣運用想像力，想像家人平安，放下擔憂的心。

生活中，幾乎無時無刻都有可以鍛鍊的機會，叫喚出每個人心中都具有的佛性，學習像佛一樣無憂無慮面對一切。久而久之，或許也能真的跟佛一樣，培養出一種隨時都可無憂無慮、安心自在的心境。

28 有拜有保庇，這是真的嗎？

「有拜有保庇。」這是一個廣告用語，當然，也有很多人這麼相信，但這是真的嗎？如果從實際生活經驗來看，答案很簡單，「這不是真的。」至少不全是真的。或許有人覺得有時拜了有用，但拜過的人應該都有「拜了沒用」的經驗，這是很明顯不容否認的事實。

不管是求升官發財、考試順利，或是健康幸運，都一定有拜了沒用的時候。這個答案其實也不需要實際調查，光用推理就可以知道這是理所當然的結果，舉例來說，假設所有考生都去拜拜想考上台大，那是不是每個人都能考上呢？當然不是，因為錄取人數有限，只要拜的人超過錄取名額，就一定會有人落榜。

這時，有人會說，「保庇」不是一定會達成祈求的成果，而只是讓你更順利而已。有拜的人會比沒拜的人更順利，但不保證一定能達成。從這樣的解讀方式來說，我們就很難從實際生活面來判斷這究竟是不是有效了，因為，就算拜拜後很不順利，我們還是可以解讀成原本其實會更不順，拜拜讓情況好了許多。在這種情況下，無法證明，也無法否證，那就信者恆信，不信者恆不信了。

運用巴斯卡的「賭博論證」

雖然無法證明，也不能否證，但許多人會說，「還是相信比較好吧！就算沒什麼好處，至少不會有壞處。」

聽起來很有道理，這個推理和十七世紀的法國哲學家巴斯卡（Blaise Pascal）所提出的「賭博論證」觀點類似。

巴斯卡說，在「神存在」與「神不存在」這兩個選項中，我們應該選擇相信神存在。因為相信神存在只有可能贏不可能輸（因為如果神真的存在，那就贏了。如果神不存在，那人生是無意義的，根本就沒有任何東西可以輸）。而選擇神不存在就只可能輸而不可能贏（因為如果神不存在，那人生是無意義的，根本就沒有任何東西可以贏，但萬一神存在，那就輸了）。

也就是說，有拜的，有可能獲得保佑，就算沒有，也沒損失；而沒有拜的，就連一點點被保佑的機會都喪失了，所以，在這種情況下，當然要選擇相信「有拜有保庇」囉。

然而，其實事情並沒有這麼簡單。這個推理只有在「有拜有保庇」與「不拜沒保庇」的選擇差異之外，其餘都不考慮的情況才會有效，但實際上，相信有拜有保庇的人，通常還有其他行為上的改變。例如，瘟疫來襲時，相信有拜有保庇的人在拜神之後，越相信有用，就越容易忽視自己的防護工作，如此一來，萬一有拜有保庇的觀念是錯的，就會造成疏忽防疫的不良後果。所以，在這種心理效應下，並不適合套用巴斯卡的賭博論證，也就是說，誤信錯誤觀念，有可能導致不良後果。

佛與菩薩是否會幫助我們獲得好運

然而，話說回來，我們可以回歸正題思考，「佛與菩薩是否會幫助我們獲得好運？是否會賜予我們健康？甚至幫我們治療疾病？」

這個問題就牽涉到了一個很根本的哲學問題，叫做「惡的難題」。這個問題原本是用來刁難基督教的「全能全善神」，但其實也可以用來質疑佛教救苦救難的佛與菩薩。

原始論證是：一個全能的神有能力消除惡（各種疾病、苦難、天災人禍等等），一個全善的神願意消除惡，但惡仍繼續存在，所以，全能全善神是不存在的。神若非全能，就非全善，或兩者皆不是。

要將這個論證從適用於基督教轉移至佛教，那就改一下變成：一個具有大能的菩薩有能力消除許多惡（許多疾病、苦難、天災人禍等等），一個慈悲的菩薩願意消除惡，但那些菩薩有能力消除的惡卻仍繼續存在，所以，具有大能又慈悲的菩薩是不存在的。菩薩若非大能，就非慈悲，或兩者皆不是。

這個論證告訴我們，通俗的信仰觀點認為菩薩都會主動來救苦救難，很顯然是錯的。如果我們相信菩薩具有大能而且慈悲為懷，那麼，我們就必須思考，為什麼有許多只要菩薩一出手就可以輕易辦到的好事卻不去做呢？

惡的存在意義

舉例來說，當善人受到惡人的欺壓、虐待，求助無門時，一般有能力幫忙的大眾發現後大多會伸出援手，但為何菩薩卻不幫忙？或是有兒童溺水時，多數成人見狀可能都會冒生命危險去解救他，菩薩為何不救？諸如此類的問題都讓我們必須去思考一個問題，「如果神、佛、菩薩真的存在，那惡的意義究竟是什麼？」

假設神、佛與菩薩都存在，而且都確實有能力救助，那麼，他們的想法或是善惡觀一定和一般大眾不同，所以不會出手相助。也就是說，我們認定的「惡」其實不完全是惡，它們必然有其存在的意義，它們的存在不僅僅只是倒楣事、壞運氣這麼簡單。

如果這個推理是正確的，當我們去拜拜求助時，佛與菩薩自當也就不會來幫忙。不僅不會直接干預改變現狀，也不會讓我們好運一點。否則，如果可以的話，何需求助，只要是好的、善的，菩薩難道不會主動幫助嗎？所以，從這角度來說，「有拜有保庇」的觀念，其實是不合理的。

拜佛的價值在於協助破除我執

那麼，如果拜佛真的對於解決困難無濟於事，那是不是拜佛沒用，無須拜佛了呢？當然不是，拜佛有其不同的價值。最基本的一個價值在於心理上的，拜佛是一種心靈的寄託，越是相信「有拜有保庇」，就越可以在苦難中獲得心靈上的舒緩。只要拜佛的觀念不會導致我們怠惰，不會讓我們疏忽該做的所有努力，那就有利而無害。

除了心理上的功用之外，拜佛還有一項很重要的價值，它有助於放下我執，但這也都必須是虔誠的拜佛才會有的功效。當我們虔誠拜佛時，心中想著一個偉大、神聖的存在，這種心境讓心中自我的傲慢暫時先放下，感受到一股神聖的、慈悲的力量。當我們想像著這股力量時，便不再以那個執著中的我為核心，在這樣的心思中，我們暫時跳脫出那個該放下的、執著中的自我，並讓這股（或許只是想像中的）佛的心思、慈悲、與神聖，流入到心裡，原本的那個自我便產生了改變。

這種功效和慈悲心類似，在想像中，讓自我之外的存在流進來，只要時常虔誠拜佛，注入的「非自我」就越多，越能從佛的角度觀看事物，這就能夠協助我們改變那個正在執著中的自我，也有助於看見自己對自我原本的執著，這些都是協助我們破除我執的力量。我想，這才是拜佛最重要的意義。

反過來說，如果拜佛時一直想著自己，希望佛來幫忙，滿腦子都在想那個屬於私心的自我，這種拜佛心態只會不斷增強我執，反而對學佛有害。

沒有神蹟嗎？

然而，人們拜佛的主要用意，還是期待奇蹟的發生。難道拜佛真的完全不會提昇神蹟出現的可能性嗎？這個問題並不是一個哲學問題。簡單的說，它不是一個透過思考、推理就可以回答的問題。目前沒有什麼證據能證明神蹟是可以期待的，當然，我們也不可能證明真正的神蹟是不存在的。

那麼，這個問題就留給信仰者。你可以選擇相信，也可以選擇不相信，但重點是，除非已經沒有可以努力的空間了，否則，最好不要太依賴神蹟的存在，不要把所有的希望，放在神蹟上。然而，如果已經沒有可以努力的空間，不如就把一切交給超自然力量來決定吧！說不定在冥冥之中，真有神奇力量的存在！或許在拜佛之後，會有引路的明燈亮起，這部分就屬於信仰的領域了。

29 念佛、持咒、觀想是否就足夠了？

常聽有些人說，學佛最重要的就是念佛，甚至主張光是念佛就已足夠。這可能比較屬於淨土宗的想法，或是一般民間信仰的觀點。要討論這個想法對不對，也需要思考一下這裡所謂的「念佛」指的是什麼？光只是嘴巴念就行了嗎？是否心裡面要配合做些什麼觀想呢？或是要保持著什麼樣的心境？像是佛的慈悲與智慧？

達賴喇嘛的觀點

然而，在《達賴喇嘛談心經》這本書中，有一段話很值得參考。他說：

我們在日常生活中的任何修行，如持咒、觀想等等，都無法對抗這個根本無明。僅僅升起「願自性執消失」的念頭是不夠的！我們必須通達諸法皆空才行。這也是徹底離苦的唯一方法。此外，沒有正知見，我們無法斷除自性執，反而會讓觀想本尊和持咒強化我們的我執和法執。

從合理性的角度來思考，我很認同達賴喇嘛的這段話，要對抗無明，需要看破各種錯誤認知，這種錯誤認知主要在於認為事物有其自性，因而對這些虛假自性產生執著。換句話說，就是由於看不見事物緣起性空的本來面目而產生執著，如果沒有生出這種能看破無明的智慧，就不可能破除執著。

由於這些日常生活的修行並沒有能夠讓我們看見空性的功效，也就無法獲得學佛中最重要的破除我執的成果，而且依據達賴喇嘛的看法，不但無此成果，反而可能開倒車，強化執著。我猜想，這也是為什麼有些很認真修行的學佛人，即使在某些方面像是打坐、靜心等已有些成效，但言行舉止卻一點也不像個修行人，甚至還很傲慢自大。

當然，這並不是說持咒、觀想不重要，也不是說持咒、觀想沒有用。它們確實有許多功用，這些也或許是學佛人不可或缺的修行，但這裡強調的是，這些修行方法對於破除根本無明與我執是沒有效果的。要破除無明，非得要學習緣起性空的觀點才行。

哲學的借鏡

其實，這和學習哲學很類似。許多學哲學的人，即使已經達到哲學博士階段，但談起話來一點都不像學哲學的。他們並非哲學知識不足，也不見得是學得不好，他們在教學生如何做哲學思考時，也講得頭頭是道，並不會太差。那問題到底在哪裡呢？

最重要的一點，就是他們並沒有養成自我反思的思考習慣。在大多數時候，他們有能力做好邏輯推理，但遇到跟自己息息相關的事情時，推理能力自動變成了捍衛個人利益的工具，而且最糟糕的是，他們似乎完全沒有自覺，看不見自己口口聲聲捍衛正義的內心深處，有個主宰的黑手，這隻黑手正為他們爭取著個人最大利益。

也由於他們平常思考能力還不錯，更加深了對自我的自信心，且因思辯能力很強，他人很難辯倒他們，於是更加確認自己的想法，陷入一個難以看見自我問題的漩渦裡。這種難以自我察覺的問題，也同樣發生在學佛人身上，當無明籠罩，看不見自性空，卻很有自信的走在自己鋪設好的、自以為正確的學佛道路上，無法看見自己已誤入歧途。

遠離無明的念佛與觀想

然而，針對這個問題，我們還需思考的地方是，是否有某種念佛、持咒、觀想的方式，其實有助於化解根本無明、看見空性、遠離執著呢？其實是有的，這關鍵就在於念佛持咒時，以及觀想時，到底心裡面有些什麼？在達賴喇嘛那段文字後面，他接著說：

我們培養利他來對治我愛，培養無常的知見來破除諸法實有。因此，透過諸法實相本空的正知見，我們可以減低我執，最後完全將之斷除。

從這段話來看，如果我們在念佛、持咒、觀想時，以模仿佛的眼光觀看世界：看見眾生皆苦，藉以培養利他心境；看見世間無常，藉以培養空觀。那麼，這將有助於我們破除根本無明與我執，達到離苦得樂的目的。

簡單的說，單純念佛、持咒的學佛方法雖有其價值，但對了解緣起性空的佛學根本思想是比較沒有助益的。想要徹底離苦得樂，還是必須學習空觀，脫離我執，而某些觀想方式或許也有助於達成這個目標，所以未來念佛、持咒時，加上自性空的觀想，應該是更有助益的學佛道路。

30 要了解緣起性空需要修行嗎？

從知道緣起性空、看見緣起性空，到覺悟它並成為信念的一部份，這其實是一段不短的旅程，這段旅程需要透過修行來完成，這段修行可說是**從知到覺的旅程**，那麼，這是一個什麼樣的旅程呢？

舉例來說，交通安全教育很強調「馬路如虎口」，大多數人也都認同道路的危險，但這只是「知」。小朋友們、甚至許多大人們，對這句話缺乏「覺」，所以仍然會輕忽危險。另外，大多數開車族群，都知道邊開車邊講手機、滑手機很危險，但也大多缺乏覺知，而輕忽此一危害。

「知」雖然有助於我們理性上做決策，但並不會真正進入到我們的生命裡，想要在情感世界中悠遊自在，除了「知」之外，還需要「覺」，「覺」的認知過程，讓單純的「知」徹底進入生命情感與直覺之中，就像走在馬路上、開車用手機，都能立刻感受到危險，而這個改變，是需要一些修行鍛鍊的。

「知道死亡不值得恐懼」到「不恐懼死亡」的路途

以「怕死」的例子說，很多頗有說服力的哲學論證告訴我們，死亡未必是一件壞事。像是伊比鳩魯學派所說：還活著的時候，死亡尚未來臨，跟我們無關，無需恐懼。死的時候，已經不再存在，沒有感覺，更與我們無關，何來恐懼。因此，死亡是一件和我們毫不相干的事，對死亡的恐懼是非理性的。

從理性的角度來看，如果不考慮來生的問題，這個論證很合理，所以無須恐懼死亡。尤其大多數人很怕自己慘死，看見他人身體支離破碎，感到很可怕，死後又被分屍，實在太可悲了。然而，從理性來思考，死的人已經沒感覺了，身體究竟如何根本就無關緊要，但即使我們認同它、接受它，仍然繼續感到恐懼。所以，知道是一回事，能不能變成自己內在感受的一部份，則是另一回事，要把理性認可的事物，內化到生命之中，還需要一段功夫。

伊比鳩魯學派並不認同死後生命的存在，對於認為死後還有生命的人來說，便不太會接受伊比鳩魯的論證。那麼，針對死後是否有生命的問題來說，莊子的比喻就很適用，他說，我們其實不知道死後究竟是怎麼一回事。說不定死後生命非常美好，死後我們反而都覺得生前擔心死亡很可笑呢！這種可能性當然是存在的，針對這種可能性，我們其實沒有事先擔心的必要，也就是從理性的角度來說，對死亡的恐懼一樣是沒必要的。

另外，或許有人相信死後生命的存在，針對這樣的人來說，那就更沒什麼好恐懼的了，因為，如果相信死後意識繼續存在，那其實根本就沒有所謂的死亡，死亡只不過是從這個世界，過渡到另一個世界。既然如此，有何恐懼？

最後，或許有人恐懼死後下地獄。如果真是如此，那也很簡單，就不要做那些會下地獄的事不就好了？或是多行善積德，就無須恐懼了。

這整個說明還算頗有說服力，雖然不敢說絕對正確，但合理性程度應該足夠讓我們的理智感到值得相信，即使如此，等到面臨死亡威脅，就會發現一點用處也沒有。這些東西無法成為直覺、無法成為信念、無法內化到生命中，我們還是覺得死亡很可怕。

從理智上知道，到達真正感受到、覺悟到、內化成自己內在的一部份，其實還有一段滿長的路要走。為了完成這段從知到覺的旅程，就需要修行的鍛鍊。

讓緣起性空的觀念從「知」進化為「覺」

緣起性空的觀念也是一樣，光是知，效果有限，只有覺了，讓緣起性空成為內在信念的一部份，轉換看待萬事萬物的眼光，才能真正獲得其效用。那麼，該如何修行呢？首先，可以養成從緣起性空的角度來理解一切的習性。

養成了看待事物的習慣，就自然而然會變成一種直覺。以個人的例子來說，我小時候常聽鬼故事、常看鬼電影，便容易在生活中產生鬼的聯想，每到夜深人靜時，或是到了野外登山露營，月黑風高之際，總覺得在看不見的角落裡鬼影幢幢。等待我念了哲學，開始越來越覺得我們一般理解的鬼的存在其實很不合理，就開始越來越不相信鬼的存在，這樣的觀點，便開始產生另一種認知習慣的逆轉。後來學了意識理論以及相關科學，就更不相信這種鬼的存在了，於是，那種常常覺得有鬼的感受便逐漸削弱了。

其實類似這種的認知習慣有很多，只不過我們常常不自覺地陷入其中而不自知。例如，現代人大多習慣從美醜的角度去看人，走到街上，自然很快可以看見人的美醜，那是因為我們自然而然會用美醜去評價他人。所以，許多人沒化妝、衣衫不整齊便不敢出門，那是因為自己習慣從這些角度去看人，也覺得他人會從這些角度來評價自己。

而有些人很重視名牌服飾，走到街上，眼裡也都是每個人的穿著品牌，這些人就不敢穿著普通服飾出門，覺得會被人瞧不起。可是好好想一想，小的時候，我們其實都不是這樣看人的，這些認知習性都是長年慢慢養成。所以，經常性的運用緣起性空的角度看世界，面對人生各種問題，就能逐漸養成緣起性空的認知習慣。

將認知化為內在生命一部分

而後，我們可以藉由信仰或是了悟來讓這種認知成為內在生命的一部份，前面的步驟，是養成一種認知的習慣，但這還不夠，我們要打從內在生命去相信它才行。以我個人的例子來說，我讀了意識理論與相關科學，認為我們平常認為會在深夜角落裡出現的鬼其實是很不合理的，因此，我傾向於認為這是不存在的。這樣的信念，可以削弱對鬼的直覺，但是，還不足以消滅這種對鬼的想像，那是因為我仍舊無法肯定這種鬼一定不存在。所以，如果要徹底消滅這樣的念頭，我可以透過深度內心的信仰，或是真正的了悟進一步蛻變。如果打從內心完全不相信一樣東西，這樣東西就能逐漸從內心深處去除了。

藉由深度信仰相信緣起性空，或是真正了悟了緣起性空就是萬事萬物的真相，那麼，緣起性空就真正能成為生命的一部份，舉手投足之間，任何生活中波瀾起伏都能自然而然看見其緣起性空的本性，也就能無拘無束地活在緣起性空的智慧裡了。

深度信仰，是一種需要下苦工的修行，可以透過各種宗教活動的參與、誡律的遵行慢慢深化。了悟，則應該是在經常性運用緣起性空的過程中，所獲得的一種深度理解吧！

31 緣起性空的生活，會是什麼樣子？

緣起性空的佛學觀點，不僅是一個中看的理論，它也具有生活上的實用性。那麼，我們來思考看看，如果有人學會了緣起性空的觀點，並善加利用，將會展現出什麼樣的人生型態呢？

因為緣起性空，所以不堅持己見

運用緣起性空觀點處事，立即可以獲得的、而且是最明顯的好處，大概就是比較不會在情緒上堅持己見。若在情緒上堅持己見就很難溝通，在誤入歧途時不僅不自知，也不聽人勸，實在是人生中的一大禍害。

緣起性空的觀點告訴我們，並沒有什麼事物從根本上就一定是對的，所有的對錯，都是依據不同的緣起條件所產生，所以，從自己的角度來看，和從別人的角度來看，一定會有一些不同之處。有了這個認知，我們自然不會把自己的想法當作是絕對正確的，那麼，當我們聽到別人有和自己不同的想法時，就會覺得這實在是一件正常不過的事情了。

不先認定自己對、他人錯，當然也不先預設他人對、自己錯，而是去尋找兩者之間有哪些共同和分歧的緣起條件，以致於產生這樣的差異。有了這樣的處事態度，就很容易避免人際衝突，也更容易與人溝通，了解自己與他人的異同，並進一步吸收他人的好想法。若能做到這點，就可以廣納百川，匯集出最好的決策，也同時避免自己的盲點所導致的危害。

然而，有一利則有一弊，不堅持個人意見時，是不是會變得很沒原則，也不太堅持理念呢？當然，如果我們認為頑固、不跟人溝通的堅持是好處的話，那不堅持個人意見就會是缺點，但事實上這種不溝通的堅持可能造成的壞處比好處多太多了，碰巧自己的堅持正確而他人都是錯的，這種機會雖不能說沒有，但應該是少數。

另外，擁有緣起性空的態度，雖然在情緒上比較不堅持己見，但也不會輕易在理智上放棄自己的觀點和理念，只是擁有不認為自己一定對的心態時，更願意與人在理性上溝通。溝通之後，如果理性上還是認為自己正確，那當然是繼續堅持，如果發現其實自己錯了，在沒有堅持自己一定對的情緒作用下，也比較容易接受自己的錯誤。

越有能力談理，就越能找到最合理的選項。而最合理的選項，往往也最可能是正確的抉擇，至少在大多數的情況下，我們可以沿著最好的方式前進。當然，即使如此，我們無法保證每次都必然走在最正確的路上。

「因為沒有在情緒上堅持己見，在被他人較合理言論影響後，以致於做了較差的選擇。」不可否認，這種可能性是存在的，但反過來說，「不聽他人較合理言論，永遠堅持己見。」這誤入歧途的機會更高，所以，整體來說，緣起性空是一個較好的生活方式。

以緣起性空觀點看各種煩惱

其次，我們來看看緣起性空的觀點可以在我們遇到煩惱時，帶給我們什麼？其實，煩惱的背後，大概都會有一個什麼好、什麼不好的價值觀，因為想要好的、不想要不好的，但事與願違時，便帶來了煩惱。

舉例來說，想要考上名校，那是因為覺得名校比較好；想要獲得一個高薪工作，那是因為覺得高薪比較好；想要考試得第一名，那是因為覺得第一名比較好。但無論是哪一個，我們可以發現，所有的好也都伴隨著不好。像是考上名校有考上名校後的煩惱，例如，同學之間競爭很激烈，看見別人很優秀，說不定因此缺乏自信心，而且畢業後可能很多同學出人頭地，自己被比過去，反而感到失落；而高薪工作，通常也會伴隨著較高的工作壓力；考第一名也是一樣有其保持下去的壓力。也就是說，這些價值觀都沒有必然性，都是緣起性空。如果可以看見這些面向，便能降低我們的執著。

事實上，追求自己覺得好的事情，這是沒有問題的，不會違背緣起性空的觀點。想要什麼，就盡全力去追求，然而，如果盡了力還是無法獲得，那麼，就不要再執著於究竟什麼是好、什麼不好的價值觀了。緣起性空就是告訴我們，沒有什麼是一定要執著的，一切執著皆可放下，在這種情況下，遇到困擾時就試著放下吧！只要願意相信這點，而且嘗試去做，就能獲得降低煩惱的成果，功力夠高時，甚至可以完全化解煩惱。

執著的追求，更容易達成目標

然而，執著於追求某些事物時，可以發揮更大的力量，讓我們更容易達成目標。在緣起性空的心態下，追求的動力不是會減弱嗎？那達成的可能性不就降低了？

我想是的。執著確實也有執著的好，但要記住一點，緣起性空的觀點並不是要我們「不可執著」，而是主張「可以不執著」，兩者差異很大。也就是說，在緣起性空的觀點下，一切皆可放下，但並不表示一切都必須要放下。

一個不起煩惱的執著，一點問題也沒有；一個會起小小煩惱的執著，也沒什麼關係；甚至一個會起大煩惱的執著，也未必非要放下不可。這等於是說，我們也不要執著於「不執著」這件事情，當然，我們最好有那種隨時可以放下的功力，那麼，即使在追求某些目標的過程中有著很強的執著，也不會成為人生的大麻煩。

只不過，如果平常對某個價值標準很執著，直到帶來煩惱時才想要放下，通常成果不會太好。但這也要看此人放下的功力與智慧的自由度，功力夠強時，自然也不會有什麼問題。

現在覺得壞的事情，到頭來說不定反而是好事

以我個人經驗來說，第一年申請美國哲學博士班時，因為托福成績不夠好，最後一間都沒申請到。當時其實已經花了大量的時間與精神在讀英文了，還是都不行，很難進步，我感到很懊惱，覺得前途茫茫，不知該怎麼辦。後來我決定放棄留學，直接唸台灣的博士班就好了，本來對於報考台灣的博士班是很有把握的，以為很容易考上，所以也沒什麼準備，結果一樣失敗了，當時受到滿大的打擊。

最後想了想，還是繼續讀英文，再申請一次美國大學，幸好隔年就申請到了。後來仔細思考，如果第一年就申請到美國大學，以當時的英文能力來說，根

本沒辦法好好上課，課業可能會一團糟，說不定還會喪失自信心，甚至畢不了業，所以當時沒申請到反而是件好事。

而由於在美國受到非常嚴格的哲學訓練，覺得自己能力大大提昇，如果當時考上國內博士班，大概無法獲得這種跳躍式的進步，從這角度來說，那兩次落榜其實都是好事，但落榜當時可都完全不這麼想。

所以，遇到困難、痛苦、不幸等煩惱時，其實都可以好好想想如何面對，有些緣起的條件是可以自己改變的，一旦改變了某些條件，壞事可能也會變成好事，危機也可能變成轉機。由於緣起性空，也沒有什麼危機非得是危機不可，一定在某個地方有可以轉變的緣起條件。

越了解這個世界與人性的各種緣起變化，就越能掌握人生，甚至有些超越人生的事情，也可以透過緣起性空的思考，了解沒有什麼一定是不好的事情。即使看不見任何轉機，看不見任何使它變好的緣起條件，那也未必就一定要接受這個習以為常的好壞價值觀。各種事情的背後，藏有著太多我們不知道的緣起條件，就像生病、甚至死亡，若可以跳脫現今人生的視野，從更大的視角來看，這些都未必是壞事。既然如此，何苦不斷擔憂、恐懼？何不在挑戰結束後，坦然接受一切，跟隨命運帶領前往未知，去感受新的世界。

緣起性空讓好事也變得不一定是好事了

緣起性空的觀點可以協助化解煩惱，那是因為這些煩惱的壞事並非一定都是壞事。那麼，反過來說，如果用緣起性空面對各種好事，那好事也未必都是好事，因此遇見好事的快樂程度是否也跟著降低了呢？

舉例來說，中了樂透、生意興隆、有情人終成眷屬，當遇到這些好事時，如果從緣起性空的角度來看，這些也都不必然是好事，也都伴隨著潛在的煩惱，有了這樣的視野，會不會降低我們的喜悅呢？

確實，緣起性空告訴我們，不僅沒有什麼必然壞的事物，其實也沒有什麼必然好的事物，一切都還要看其緣起的條件，所以，好事發生時的喜悅有可能降低，至少比較不容易有那種如天堂降臨的狂喜。然而，這個轉變卻是一件好事，因為這能讓我們避免隱藏的危機。

事實上，確實沒有什麼好事是必然的，任何好事的背後，其實都隱藏著危機。以中樂透來說，突然獲得了一大筆財富，然後就開心地大花特花，用金錢換取快樂，不知多少人的人生最後反而因此變成悲劇。有情人結了婚，以為從此山盟海誓、永浴愛河，但這終究只是美夢。狂喜的背後，一旦忽略了一切緣起性空的本質，忘記了當某些緣起的條件不再的時候，喜悅也會消失，那麼，迎來悲劇的可能性就提高了。從緣起性空去面對所發生的一切好事，反而更能看清事物的變化，避免到頭來喜事轉成悲劇。

緣起性空帶來的最大禮物是心靈的自由

在緣起性空所帶來的各種好處中，最大的一個是心靈的自由。因為緣起性空，所以，沒有任何思想、觀念的框架可以必然束縛住我們的心靈，也就是說，如果我們目前活在一個被綁定的框框裡，感到任何不自在，那一定存在某一個緣起條件可以改變現狀。只要有足夠的智慧就一定找得到，只要找到了，就能在任何一個時刻掙脫束縛，自由自在的遨遊人生。

32 學習緣起性空的人，看起來會是什麼樣子？

前一章談的是緣起性空的生活，這一章我們來看看，學習緣起性空而有所成果的人，從他人角度來看，會是什麼樣子？

首先，緣起性空對人的最直接影響，應該就是「不傲慢」。「不傲慢」是佛學裡很強調的屬性，也被認為煩惱的根源之一，要成為真正不傲慢的人，不只是經常性地表現出不傲慢的行為，而是要擁有一顆不傲慢的心。這其實滿難的，因為修道者在許多方面都的確高人一等，比別人做更多善事、比別人花更多時間修行、比別人更嚴守戒律、比別人更多的自我要求等，雖然不見得每一項都做到完美，但只要願意努力，總比其他人做得更多更好。有了這些努力與素養，通常也更容易把事情做好，也就因此更容易有成就，在這種情況下，只要認識真實的自我，就足夠感覺高人一等了，因為客觀上來看，這也確實是事實。

感覺到自己高人一等，其實就已經踏出傲慢的第一步了，只要繼續精進，越來越有成果，傲慢之心自然便會越來越強。在這種心境下，若想要表現出不傲慢，通常也只能做做樣子，像是刻意低調、刻意使用敬語、刻意讚美他人、刻意謙虛自己的能力。然而，當內在優越感的自我認知與表現出來的外在行為不一致時，反而容易讓人覺得虛偽，傲慢加上虛偽，還真不是什麼好事。

偽裝很好的人頂多是在人際關係上比較不易跟人起衝突，不易引人反感，但久而久之，還是會讓人感受到那種內心的傲慢，因為無論如何隱藏，都會在某些時候無意間流露出來。然而，當緣起性空的觀點真正融入我們的思想之後，無論客觀上再怎麼優秀，人們都可以自然生出一顆不傲慢的心。

緣起性空讓人真正不傲慢

學佛人內在之所以傲慢，那是因為依據佛學與世間的各種標準來說，意識到自己真的高人一等，自然就會在內心深處認為自己比別人強，只要有這樣的認知，就很難擺脫傲慢。

然而，如果讓緣起性空的觀點徹底深入到思想裡，就會產生一種特別的直覺，覺得這一切原本讓自己感到高人一等的衡量標準其實都沒有自性。也就是說，這些標準都只是在某些緣起的條件下才成立的，他們本身其實並沒有一個一定如此的源頭在，我們便無法藉此而感到自傲。

就像有一天跑完一百公尺比賽，老師不再依據大眾都一致認同的標準「跑越快越厲害」來獎勵同學，而是抽出一個籤，決定跑步時間最接近十四秒的人獲勝。這種獲勝仍舊會帶來喜悅，但是不會帶來傲慢，因為，我們很清楚這樣的勝利，來自於緣起性空的衡量標準，只因為某些緣起條件，產生這樣的結果罷了。如果我們可以看清一切衡量標準本質上都是如此，就像「跑越快越厲害」的標準其實也是一樣，那麼，自然就不會升起傲慢之心了。

因為緣起性空，所有讓我們感到高人一等的標準都如過眼雲煙。或者，套用比較禪學式的說法，「這些全是狗屁！」那麼，在狗屁標準的衡量之下，自己高人一等，這有什麼好得意的呢？

如果真能讓緣起性空的觀點化解各種法則、標準的執著，即使遵循著這些標準作為努力的方向，也可以不要將之當作真理般的執著，而是在緣起條件下的暫時準則，只要智慧能到達這裡，自然就沒有什麼值得驕傲的地方了。因為別人即使不符合這些標準，或是在這些標準的比較下不如我，但在不同的緣起條件下，可能就是我不如他了，既然如此，有何高人一等的呢？

所以，如果讓緣起性空的觀點成為內化的思想，那麼，人會自然養成不傲慢的素養。這大概是緣起性空的人第一個會被看到的特質。

真正的大學者反而不傲慢

這種現象其實和哲學上「無知之知」的智慧很類似。讀過越多書的人、學過越多知識的人，自然會覺得自己懂很多，也就容易認為自己高人一等，形成傲慢之心。所以你會發現，很多大學生、研究生，甚至大學教授們常覺得自己懂很多、很傲慢，但是，我們也發現了一件很奇特的事情，有些真正的大學者反而不傲慢了，為何會有這樣的逆轉呢？

這個逆轉在於內心對自己已經具備的知識在確定的程度上改變了。如果覺得自己所學會的知識都是正確的，那當然就是學越多、懂越多，就越高人一等，但是，萬一覺得自己所學的一切，都不見得是正確的，這些知識在未來都可能被推翻，或者這些知識都只不過是在某些因緣聚合的條件下成立，本身並沒有一定要如此的根源，在這種認知下，自然也不會覺得知道這些有什麼好得意的，也就不易起傲慢之心。在這種哲學上無知之知的智慧照耀下，便會覺得其實自己什麼也無法完全確定、什麼都不知道，這和緣起性空的眼光是類似的。

緣起性空讓人煩惱較快消散、生活較積極

「不起煩惱」對大多數人來說是不太可能的，大概要真正到達佛的境界，才能有這樣的成果。大多數情況下，只要有不如預期的情況發生，多數人都會興起煩惱之心，但是，學習緣起性空的人在起了煩惱之後，可以很快看到破除煩惱的那一條路，走過去，煩惱便能夠比較快速消散，也就不容易鑽牛角尖，以免把自己的內心世界搞得越來越扭曲。

煩惱興起的時候，試著想一想，任何煩惱的背後一定有一個自己比較期待的狀態，因為命運沒有走向比較期待的那一邊，於是產生煩惱。例如，學生寫論文不順利，因而感到煩惱；下雨了，覺得很不方便，因此產生煩惱，這些時候，內心有著比較期待的狀態，希望寫論文順利、希望不要下雨。

然而，試著再思考一下，為何會比較期待某一邊呢？自然是因為覺得那一邊比較好，但煩惱升起時，緣起性空的觀點便會提醒我們，認為某一邊比較好的這個觀點未必是對的，而且自己原本不喜歡的遭遇，也有可能是最好的。每個人都一定會有類似的經歷，遇到某些事情一開始覺得很糟糕、很討厭、很煩惱，但後來卻覺得原來這樣才是最好的安排，我們又如何能夠知道這次覺得很糟糕的經驗不會又一次被逆轉呢？

只要找到可以配合的緣起條件，就能立刻看見逆轉的可能性，也就能體會到這種凡事沒有必然好壞的緣起性空觀點，而且，在這種情況下，也會去努力尋找讓現有遭遇變好的那些緣起條件。一旦找到了，便轉化危機為轉機，或是轉念從更正面角度面對煩惱，這些面對方式都會讓煩惱快速消散，並且從更積極的角度面對人生。

緣起性空的人最明顯的特色

以個人的例子來說，有一天開會時，出現一些讓人厭惡的言論，搞得我一肚子火。一般來說，還會越想越生氣，但是，當我已經習慣從緣起性空角度來看之後，便會想到許多不同層面，像是有可能我對他人言論以及其背後的動機有所誤解；或者他人心中有許多的苦無處宣洩；或者，這樣的經歷對我的成長很有幫助；或者，產生厭惡感背後的價值觀不見得是對的；或者，說不定我在無意間犯了什麼錯誤，搞不好追根究底我才是錯誤的一方。諸如此類，各種可能性都存在，而且當碰上不同的緣起條件，最後的結果也有可能不同，想到這裡，就實在沒有什麼一定要執著不可的煩惱與憤怒了。即使不好的感覺仍舊存在，無法立刻揮去，但也會逐漸雲淡風輕，至少不會像是種了一顆憤怒的種子下去，不知未來會開出什麼樣的惡果。

緣起性空觀可以讓我們的內心不要持續執著於他人的惡、不執著於他人的錯誤、不執著於覺得自己是受害者等觀念，在這種心念下，情緒也就能自然回復，而且只要不再讓這些事情環繞在心裡，好好轉移注意力到生活中各種美好的事物上，就更容易從煩惱中掙脫出來。我想，以上這兩點，不傲慢與不念舊惡，應該是緣起性空的人最容易被看見的特色。

33 強迫他人學習佛學是否是一件好事？

現代社會風氣比較傾向於自由主義，在盡可能不影響他人的情況下，讓所有人擁有最大限度的自由，反對任何一種形式的強迫。然而，這不表示自由主義就一定是最好的策略，因為，從實質成效來說，強迫未必不好。

舉例來說，大學必修課就是一種強迫性的學習，像哲學系必修邏輯學，沒學過就無法畢業。這對不喜歡邏輯的學生來說大概不會太開心，但若真有必要，學過後也會感謝這個制度的強迫。社會上每個有收入的人被迫繳稅，大概沒人喜歡繳稅，但只要公平，也都會認同這是一件好事。簡單的說，如果我們可以確定某一件事情是好事，在被強迫的情況下也比較能認同。

所以，如果學佛學確實是一件好事，或者，學佛就是人生應該走的方向，如果暫不考慮強迫他人導致反效果的情況，那麼，強迫他人走向正確的道路，這應該是好事吧！所以，強迫他人學佛，應該沒什麼不對吧？

基督教強迫他人受洗的省思

在我還是學生時，曾聽聞某些基督教教派在傳教時強迫他人受洗。強迫的方式很有趣，首先進到別人家裡拜訪，然後傳福音，講得差不多了，就說要借一下廁所，裝了一些水，趁人不注意時潑灑下去，就說這樣算是受洗了。

當時聽了覺得很荒謬，可是仔細想想，好像也不能說這樣一定不對。從教徒的角度來看，受洗等於洗清別人的罪，這是一件天大的好事，別人因為不了解這有多重要才不接受，即使會被人怨恨，也要去幫助他人，這樣的胸懷真了不起。假設基督教教義是正確的，而且假設這種受洗方法也真能洗清他人的罪，那強迫他人不再成為罪人，當然是一件好事了。

佛學一定是對的嗎？

然而，這些問題的根本重點在於，我們如何判斷一件事情一定是對的呢？學習佛學一定是正確的嗎？學佛是一條從執著中解脫、走向離苦得樂的生命道路。然而，這是一條每個人都需要走的路嗎？如果有人就喜歡執著、喜歡陷入苦中，那麼，佛陀該如何教化他們呢？

「不行！不行！這是錯的！你一定要擺脫執著，離苦得樂才是正確的！」佛陀會這麼說嗎？看起來應該不會，這句話感覺上是多麼的庸俗而且缺乏智慧啊！

「哇！好啊！這樣也挺好的！」這樣的回答好像好一點，至少比較自由主義，更有些許生活的彈性，也多了點豁達的智慧，但好像還是缺了點禪意。究竟怎麼回答，才比較能夠顯示出佛的智慧呢？這個問題難倒我了，就留給大家去思索吧！

學佛並不是一條必然的道路

然而，試著從緣起性空的角度來省思這個問題，「正確的道路」這個詞彙本身就已經有問題了。是什麼因素讓這條路變得「正確」呢？如果諸法皆空，便不會有讓某件事物變成一定如此的根源，那麼，所謂的「正確」就會因不同的緣起條件而改變，所以，根本不存在有任何必然的道路，也不存在有所謂絕對正確的道路。在這種情況下，如果我們想強迫別人做任何事情，而且宣稱這對他人來說是必然正確的，那麼，這個想法就已經違反了緣起性空的觀點。

也就是說，即使先不管學佛的諸多法門，光是談學佛就不會是一條必然的道路，至少並非每個人都適合，或者，不見得在每一個時機點都適用，在這種情況下，強迫他人學佛也就不必然是件好事了。只有在某些緣起條件能夠配合的情況下，學佛才能發揮效用，所以，強迫他人學佛，至少在某些緣起條件下，是不恰當的。

34 神蹟真有可能存在嗎？

我們來談一個很多人都感興趣的佛學話題。佛經裡記載各式各樣不可思議的事情，包括各種神蹟。前面討論過，我們很難證明這些神蹟記載確實為真，雖然未必可信，但也未必一定是虛構錯誤的。

不僅從科學角度很難證明，從哲學的合理性角度也很難找出一個合理性較高的論證來支持其存在。然而在這一篇中，我不打算談科學或談哲學，我想談談我個人的感覺，老實說，我覺得神蹟是存在的。

在生活中可以感覺得到，有些事情的發生並不是隨機的，而是背後像是存在某些目的，推動著事物前進。於是，可以隱隱約約感受到一股神秘力量，它介入事件發生的源頭，這股力量無所不能。這不是信仰，而是在生命中的某種階段，觀察人生而生的直覺。

感覺神蹟存在是否是一種錯覺？

當然，直覺有神蹟存在並不是一件了不得的事情，很多人都覺得有神蹟存在，而且也都認為這不僅僅只是信仰，而是真實的發現。然而，大多數這類直覺都不可信，因為天生輕率的因果推理就可以讓我們產生出這樣的直覺，以致於做出錯誤的判斷。

舉例來說，生病時去廟裡面拜拜，拜完沒多久，病好了，或是去祈求些什麼，沒多久便達成了。在這種情況下，即使只是時間上的巧合，也容易被誤判為因果上的關連，人們便會覺得這個廟真靈，或是這個神佛真靈。這就是輕率因果連結的謬誤推理所導致的現象，所以，一般來說，「感覺」是不太可靠的，感覺與事實之間，存在著很大的一段距離。也因為如此，古今哲人們大多建議我們盡量依據理性而避免用感覺來判斷事物。

存在有可信度很高的直覺

但是，並非所有的感覺都屬此類。舉例來說，當太太感覺到先生可能有外遇時，她可能說不出什麼決定性的證據，所有的外遇跡象，也都可能有不是外遇的合理說明，而且，實際上也不是所有這種感覺都是對的，然而，這種感覺的正確率卻出奇的高。所以有人說，女人的第六感真強，但這種感覺的來源，其實並不是來自於什麼神秘的第六感，而是一種綜合性、整體性的判斷所生出的直覺。

舉另一例來說，我們有時聽人講話，尤其在談論時事意見時，即使聽起來很有道理，但經常還是會有一種「怪怪的」感覺，可是又說不出怪在哪裡，總覺得話裡面有些地方有問題，但也說不上來到底哪裡有問題，很明顯的，這種怪怪的感覺來源並不是因為發現談話中有什麼怪異之處，如果是這樣，那就比較容易立刻說出哪裡怪異，就算無法立刻指出來，只要再仔細摸索，總能找出問題所在。也就是說，問題真的有，也找得到，但不是因為已經發現問題才覺得有問題，而是一種整體的感受讓我們覺得有問題，這樣的感覺，就是一種綜合性、整體性的感受。這也可以說是人類的邏輯直覺，這種邏輯直覺當然也可能是錯的，但是，它的正確率很高，很值得我們注意。

感覺神蹟存在，也有可能來自於這種綜合性的直覺。因為整體來說，可以感受到一股將一切事件都完整解釋的路線，就像偵探面對一大堆支離破碎的線索與謎題時，往往靈光一現，突然看見一條將一切都納入合理解釋的思路，獲得一種「原來如此」的喜悅。

當然，這種整體性的直覺所導致的結論，未必都是對的，有時再深入思考一下，便會發現不通之處，那就得再重新思考，但如果反覆思考之後，這條道路一直存在，甚至越想越清楚明白，那麼，這條思路成為真相的機會就越來越高。我認為，我對神蹟的直覺，來自於這種綜合性的判斷。有時，我們會稱這種直覺為「智的直覺」，這是一種在中國哲學發展裡常用的判斷方式，但這種智的直覺不易化成可以分析清楚的理論，往往還是會被歸類為宗教信仰。

藉由「證悟」來印證神蹟

佛學裡，除了這種智的直覺之外，還有「證悟」的方法，就是透過某些修行可以直接看見真相，也就是證悟真相的一種方法。

如果自己可以親自獲得某種程度上引發神蹟的能力，那自然就會相信神蹟的存在了。據說佛學修行者裡確實存在著這樣的人，但老實說，我自己應該是沒有這樣的能力，雖然有時透過冥想，似乎達成了某些願望，但也常常沒效，無法判斷是自己還不會運用，還是只是巧合，所以，我無法藉由親身體驗來談神蹟。

雖然我也有認識一些人，宣稱可以引發某種程度的神蹟，即使在主觀上我願意相信，但尚沒有人可以在客觀證據上說服我他們真的具備這些能力。

而有些人主張透過冥想發現神蹟的存在，但這種知識型態只屬於證悟者個人，無法成為他人的知識。

最後，如果我們從緣起性空的角度來看，所得到的結論是沒有什麼是一定不可能的，只要緣起的條件符合，那麼，它就有可能成真。所以，我認為緣起性空觀，應該也是支持神蹟存在的一種觀點。

35 責任感應該提起還是放下？

現代社會競爭激烈，人們大多已活在壓力較大的環境裡，對於責任感很強的人來說，所需承受的壓力就更大了。尤其對中華傳統文化的儒家信奉者來說，必須扛起責任，秉持著「先天下之憂而憂，後天下之樂而樂」的精神，立下大志業，即使知其不可也要為之。這種志向所帶來的更多壓力，除非有超強的抗壓性，否則容易導致各種身心症，這樣的人生就偏離了離苦得樂的方向了，所幸儒學的宗旨並非離苦得樂，所以理論上沒有問題。

然而，對於追求離苦得樂的佛學大眾來說，是否應該放下這些責任感呢？但如此一來，佛教徒不就變成沒有責任感的人？這樣說好像怪怪的，而且也跟當下許多佛教團體的社福事業不符，更和菩薩救苦救難的精神相違背。那究竟該如何面對這些讓人不快樂的責任呢？承擔責任和離苦得樂該如何取捨？讓我們來思考這個問題吧！

儒學與佛學的異同

儒家可以說是一種執著地提起社會責任的哲學，相反的，佛學主張諸法皆空，放下一切，是一種主張放下執著的一門學問。一個提起，一個放下，兩者明顯背道而馳。

簡單的說，對於「各種責任是不是一定要提起」的問題來說，儒家肯定認為「是」，主張諸法皆空的佛學則認為「並非必要」。當然，佛學也不會主張要逃避責任，因為逃避也是空，如果要提起，一定也不是像儒學般執著地提起，而是看清其緣起性空本來面目的提起，這會是一種什麼樣的承擔方式呢？這是否對壓力已經過大的當代社會來說，是在不選擇逃避的情況下可以找到的另一種選項？

然而，儒、佛在這個觀點上也不全然對立。佛學其實也有主張扛起責任的思維，尤其針對大乘佛學，從菩薩救苦救難的角度來說，把「度盡一切眾生」當作是一種必須承擔的責任，這種「地獄不空，誓不成佛」的精神確實和儒學類似。然而，這是否反而違背了諸法皆空、不要執著、放下一切的佛學心境了呢？放下和提起之間，是否可以找到一個中和點？這裡需要思考的，應該就是在緣起性空中，不執著的提起，究竟是一種什麼樣的心境？

儒佛會通之地——緣起性空地承擔責任

雖然放下一切執著是佛學，尤其是禪宗的根本心法，但身為一個佛教徒，並沒有被強迫在行為上非要放下一切不可，尤其針對多數人，道行還不夠，放不下。禪宗也說，「放不下！那就提起吧！」所以，「提起」並沒有違背佛學，只不過，那可能是放不下某些執著後的產物，在智慧不足時的做法。

然而，即使智慧充足，可以放下，有能力放下，可以看見其緣起性空的本質，可以不執著，也一樣可以繼續提起。佛學並沒有主張一旦可以放下、有能力放下，就非放下不可。緣起性空的精神是沒有什麼一定要或一定不要的，所以，並沒有說一定不能執著、什麼都一定得放下。緣起性空本身並不是一個非要遵循不可的原則，否則就違背了緣起性空本身了。所以，即使洞悉諸法皆空，人仍然是自由的，但是，在這種時候的提起，便和一般執著中的提起不同。

兩者最大的差異在於，雖然在行動上看起來都一樣是提起、承擔責任，但內心世界卻迥然不同，是用一種不執著、放得下的內心世界，去承擔任何想要承擔的責任。這樣的承擔並沒有受到任何不管是外在或是內在的壓迫，而是單純主動的去做某些事情，於是，這樣的承擔便沒有壓力。

在緣起性空的觀念下，不僅沒有驅使承擔的壓力，也不會有擔心成果不佳或是失敗的壓力，因為最後的結果不管是否符合自己或他人的期待，其實都沒有一定好或是一定不好的問題，在這種情況下，也就不用執著於一定要達成什麼樣的目標才是最好。單純盡力做到自己認為最好的做法，至於最後的結果，就聽從業力運作的安排吧！無論結果如何，都可能是驅使一切朝向眾生皆成佛的方向發展，那也就無需用自己淺薄的視野來論斷是非了。

這種放下式的提起、無執著的提起，應該是既能化解現代人壓力，又能為社會盡一份力的好方法，而且，這不僅適用於佛教徒，即使對於強調提起的儒者來說，也不會反對這種承擔的心境，所以，這應該就是儒佛會通後的最佳產物。

36

「緣起性空」帶來了什麼思想衝擊？

緣起性空的觀點可以理解成主張一切都沒有必然的根基，這其實對我們的生活來說，已經帶來很強的思想衝擊了。如果接受了這樣的觀點，那麼，所有依據單一價值法則就做出道德善惡或是價值好壞的判斷，都是不恰當的，因為沒有任何一個價值法則擁有可以放諸四海皆準的自性，它們都必須在其他緣起條件符合下才能成立。也就是說，無論你看到什麼、聽到什麼，在深入去了解每一事件背後的各種緣起條件之前，都不適合做出確切的結論。

如果在日常生活的實踐中，真能做到未深入了解前都不評價，而且不只是言談上不評價，連心裡都暫時不評價，那將能減少許多誤解與煩惱，獲得相當程度的離苦得樂效果。這個跟煩惱相關的部分，前面已經談很多了，就不在此贅述。

哲學的起源是好奇心

在第一篇裡，已經簡單點出了佛學與哲學的不同。佛學的根本目的在於離苦得樂，而哲學則是為了滿足求知的好奇心，所以，當佛學講「一切皆空」時，對學佛人來說，可以不用在意與煩惱無關的事物，只要把「一切」理解成所有煩惱即可。對於不生煩惱的事物，像是「我手上這支筆」可以不用理會，因為不管這支筆是空或不是空都無關緊要。然而，對於哲學人來說，好奇心會驅動思考，會想問這「一切」是否真的包含所有一切？如果是的話，那會是怎樣的一種世界觀呢？

在這最後一篇，我想來探討這個光想想都十分有趣的問題。如果世界所有一切，不管會生煩惱的或不生煩惱的，都是緣起性空，那麼，這和我們原本的知識有何不同？這是一門什麼樣的哲學？這將會給我們的思維帶來什麼樣的衝擊？

手上這支筆是否具有空性

我們試著來思考，如果一切皆空的一切包含了我手上這支筆，我們該如何理解「這支筆也是緣起性空」比較合適？

最常見的解讀方式是主張這支筆並非恆常的，也就是主張沒有任何事物是永恆不變，或是能永久保存。這樣的解讀很容易，也是對的，但卻難以彰顯緣起性空的深度智慧，而且這其實和我們平常的知識沒什麼差別。

換個方式來說，這支筆的存在來自於許多緣起條件，只要某些緣起條件變了，那麼，這支筆就不再是一支筆了，而且重點是，即使這支筆外型和功用沒有任何改變，情況也是一樣。這個解讀就比較有意思了。

從外型與其功用的改變來說，也就是物理條件上的改變比較好理解這種緣起性空的解讀。這支筆之所以存在的物理條件，包含各種組合成分，如果這些組合成分損壞，像是沒墨水了，或是筆桿折斷了，那這支筆就不再能夠以一支筆的方式存在，換言之，它不再是一支筆了，也可以說那個作為筆的存在就消失了。這部份應該沒什麼問題。

然而，緣起條件不僅僅是物理上的，還包括心理上以及文化上的，心理或是文化狀態的改變也會讓這支筆不再以筆的方式存在。舉例來說，如果我突然生了一種怪病，無法認識什麼叫做一支筆，以及該如何使用它，那麼，至少對我而言，即使這支筆的物理構造完全沒變，它也不再是一支筆了。如果這種病會傳染，而且傳染給了全世界，那麼，世界上所有的筆就不再是筆了，換言之，當沒有人知道什麼是筆，或如何使用筆時，筆就在這個世界消失了。當然，並不是說作為筆的這個物件消失，而是「筆」這個概念消失，概念消失就等於在思維的世界消失，當人們思維中不再有筆時，這些持續存在的原本叫做筆的物件，自然也就失去其存在的意義了。

那麼，想像一下，我帶著這一支筆到外太空旅行，結果不小心把它丟在太空了。有一天，它被某個外星人撿到，雖然這支筆完全沒有任何損害，對我而言它仍舊是一支筆，「我」的存在與認知也是這支筆之所以是一支筆的緣起條件之一，就算沒有我，只要還有其他懂得筆的人存在，也能達成讓它繼續成為筆的緣起條件。但是，它到了完全不同文化的外星世界，假設這個世界完全不使用筆來記錄事情，或許是因為他們具有非常強大的記憶能力，都是運用記憶力儲存所有訊息，或是其他我們所不知道的記錄方式，沒有關於筆的文化與歷史，也沒有任何關於筆的需求與知識，缺乏筆的概念，所以無法理解筆這樣的存在事物。於是，對他們來說，就只不過是發現了一個奇特的「太空垃圾」，然後放在博物館裡供人欣賞。這時，這支筆就不再是一支筆了，而是另一種存在事物。

也就是說，緣起性空的觀點告訴我們，一件事物之所以是一件事物，不僅物理上並非永恆，在其意義上也沒有一個必然性，沒有讓它非要是一支筆不可的任何像是自性般的東西，只要某些緣起條件不再，它們就不再以原本的方式存在。從這角度來解讀，筆以及其他各種事物也都具有空性，都是緣起性空。

如果把這觀點應用在生活上，我們可以藉此放下某樣東西一定是某樣東西的執著，放下這個執著，或許也可以讓我們的生活擁有更多彈性和更多創意。

宇宙並沒有必然的法則

另外一個更有趣的問題是，**一切皆空是否也包含了整個宇宙？**如果宇宙也是緣起性空，那麼，我們可以解讀成，這個宇宙沒有什麼讓這個宇宙之所以是一個宇宙的根基，它也是由許多緣起條件形成的存在，除此之外，別無他物。這個解讀應當跟當今物理學沒什麼分歧。

那麼，我們來看另一種解讀，宇宙的構成包含了各種物理定律，但緣起性空的觀點認為沒有什麼法則是必然的，也就是主張宇宙並沒有任何絕對正確的終極法則。意思是說，目前科學研究所獲得的一切物理、化學、天文學等各種法則、定律，其實都不是終極的科學法則。

這並不僅僅是說，這些法則有一天會被推翻，因為被推翻後還會有其他法則被建立起來，而且還說，根本不存在有終極的科學法則。所有法則、公式，都是在某些緣起條件下才成立的，沒有任何法則具有必然性。

這個說法看起來很顛覆當今科學發展觀點，因為當今科學和哲學類似，實際上就是一直不斷尋找確定的法則，尋找事物的本質。而科學和哲學不一樣的地方在於，雖然有時會修正理論，但一直都認為有找到這些定律，並且擁有實驗證明。

然而，這樣的衝突其實只有在科學的表面，當我們更深入尋找這些法則、定律的最根本源頭時，也就是尋找為何這些定律一定是如此的根基時，也依然只能看見空。

在那最根本的地方，現代科學其實也是一樣，認為這個宇宙目前所有的法則，甚至各種常數，像是中子的質量、光的速度等等，其實都是在宇宙初創生時隨機產生的。在不同的平行世界中，很可能存在有完全不同的科學法則，所以，緣起性空下的宇宙觀其實也很符合當今科學對宇宙根本起源的想像。

生命並沒有一個解答

我們再來思考緣起性空觀會給生活帶來一個比較大的衝擊，**生命是否也是空？**如果生命也是緣起性空，那麼，當我們追問生命的解答時，可能會得到的一個回答，「生命並沒有一個終極的解答。」這又是什麼意思呢？

對於沒有宗教信仰的人來說，常常覺得不知為何而活，人活在世界上究竟是什麼緣故，有何目的？或是根本沒有任何目的？雖然我們不知道解答，但總認為這個問題是有解答的。然而，如果把緣起性空的觀點放進來，這些問題就可能會變成沒有答案的問題，或者說，依據不同的緣起條件，則有不同的解答，但實際上，最根本的解答，可以用來回答生命之所以是生命、人生之所以是人生的那樣東西，其實是不存在的。

也就是說，從緣起性空的觀點看人生，我們沒有一個一定該如何的生命型態、沒有一種典範，成佛可能也不是一個最核心的目的，或者，如果佛這個觀念也是緣起性空，那麼，佛這個觀念也不具有自性，無法找出佛之所以是佛的那個根本條件。在這種情況下，以成佛為根本目的這件事情本身，也背離了緣起性空的實踐，或者更精確一點，應該這樣說，只要我們內心存著想要成佛的觀念，這樣的觀念也就背離了成佛之路了。

只有在我們內心不具備成佛的觀念時，在緣起性空的實踐中，說不定反而更能接近成佛的目的。這意思好像是說，**如果你一心渴望前往某個屬於緣起性空的地方，無論費盡多少心思努力前進，你將永遠無法到達那裡。**但是，當你放下這份想要前往的心時，當你只是沿著緣起性空的路線前進，可能無意間就突然降臨。這聽來很弔詭，但這是從「生命沒有解答」的角度出發，所產生的合理推測。

緣起性空本身是否也是緣起性空

最後，我們來看一個哲學家們常用來讓一項原則導致矛盾的絕招：自我指涉。例如，如果有人說，「世上沒有真理。」那我們就可以問，「你這句話本身是真理嗎？」是的話，那就是「因為這句話是真理，所以世界上有真理。」這麼一來，「世上沒有真理」這句話便是錯的。但問題是，作為真理的一句話竟然是錯的，這不就矛盾了？另一個選擇，假設「世上沒有真理」這句話本身不是真理，那就表示，這句話會是錯的，也就是說，不管這句話本身是真理或不是真理，都是不對的。類似這類關於全稱的主張，只要指涉到自己，就很容易出問題。

那麼，我們看看「一切皆空」的主張是否會有類似的問題。如果一切皆空為真，那麼，一切皆空這句話是否也是空呢？簡單的說，**緣起性空這個原則本身是否也是緣起性空？**

一切皆空主張一切原則都不是絕對的，沒有一種根源性的存在來支撐這樣的東西，那麼，由於「一切皆空」本身也是一條原則，所以這條原則也是空。換句話說，「一切皆空」也不是絕對的，沒有任何根源性的存在來支撐它，既然如此，這是不是說，其實某些東西並不是空呢？可是如果某些東西不是空，那還能說一切皆空嗎？這不是矛盾了？那我們是不是應該改成「大多數事物是空？」也就是把「諸法皆空」，改成「多數法是空」這樣才比較精確？

單從理論來說，確實「一切皆空」也會遇到這種一樣的問題。然而，對於學習佛法來說，這倒不是問題，不僅不是問題，還可能是智慧的啟發。老禪師聽了或許會微笑點頭，恭喜你又突破了一層沒必要的執著。因為，堅守「緣起性空」的觀點，又何嘗不是一種執著呢？

佛學從一開始，就很清楚告訴我們，語言文字本身所描繪的世界並不是真正的佛法世界。遇到矛盾時更好，它讓我們暫時放下這些拘泥於語言文字的思索，試著返回內心去看看，在「一切皆空本身也是空」的想像世界裡，是否有些什麼樣的東西活了起來，試著去捕抓它，當我們可以順著這條思路，打開一個不適用於任何語言文字的內在世界時，便啟動了禪的體驗。
去尋找吧！它就是被手指指著的那輪明月，也就是真正的佛法。

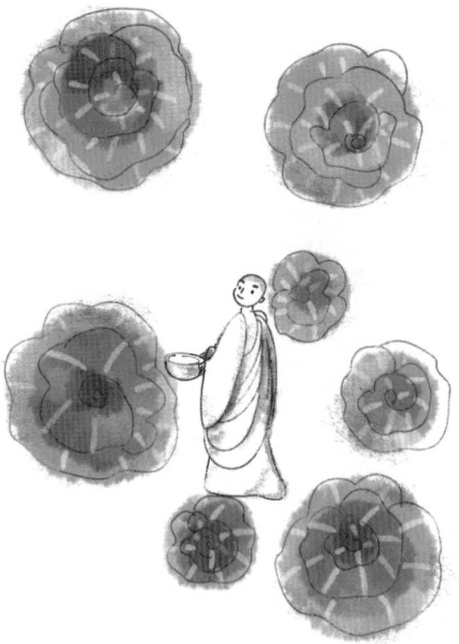

國家圖書館出版品預行編目資料

緣起性空通往一切美好：放下執著、人生沒煩惱的佛法36問 / 冀劍制作. -- 初版. -- 臺北市：商周出版，城邦文化事業股份有限公司出版：英屬蓋曼群島商家庭傳媒股份有限公司城邦分公司發行，2022.03

面；　公分

ISBN 978-626-318-192-2(平裝)

1. 佛教 2. 問題集

220.22　　111002199

緣起性空通往一切美好：放下執著、人生沒煩惱的佛法36問

作　　者／冀劍制
責任編輯／黃筠婷

版　　權／江欣瑜、林易萱、黃淑敏
行銷業務／林秀津、黃崇華、周佑潔
總 編 輯／程鳳儀
總 經 理／彭之琬
事業群總經理／黃淑貞
發 行 人／何飛鵬

法律顧問／元禾法律事務所 王子文律師
出　　版／商周出版
台北市中山區民生東路二段141號4樓
電話：(02) 2500-7008 傳真：(02) 2500-7759
E-mail：bwp.service@cite.com.tw
Blog：http://bwp25007008.pixnet.net/blog
發　　行／英屬蓋曼群島商家庭傳媒股份有限公司城邦分公司
台北市中山區民生東路二段141號2樓
書虫客服服務專線：(02)2500-7718．(02)2500-7719
24小時傳真服務：(02)2500-1990．(02)2500-1991
服務時間：週一至週五09:30-12:00．13:30-17:00
郵撥帳號：19863813　戶名：書虫股份有限公司
讀者服務信箱E-mail：service@readingclub.com.tw
歡迎光臨城邦讀書花園　網址：www.cite.com.tw
香港發行所／城邦（香港）出版集團有限公司
香港灣仔駱克道193號東超商業中心1樓
Email：hkcite@biznetvigator.com
電話：(852)2508-6231　傳真：(852)2578-9337
馬新發行所／城邦(馬新)出版集團【Cite (M) Sdn. Bhd.】
41, Jalan Radin Anum, Bandar Baru Sri Petaling,
57000 Kuala Lumpur, Malaysia
電話：(603)90578822　傳真：(603)90576622
Email：cite@cite.com.my

封面設計／徐璽工作室
插畫設計／王正洪
電腦排版／唯翔工作室
印　　刷／韋懋印刷事業有限公司
總 經 銷／聯合發行股份有限公司　電話：(02)2917-8022　傳真：(02)2911-0053
地址：新北市231新店區寶橋路235巷6弄6號2樓

■ 2022年3月初版　Printed in Taiwan

定價／380元

ISBN　978-626-318-192-2

商周出版

廣　告　回　函
北區郵政管理登記證
北臺字第10158號
郵資已付，免貼郵票

104　台北市民生東路二段141號2樓

英屬蓋曼群島商家庭傳媒股份有限公司城邦分公司　收

請沿虛線對摺，謝謝！

商周出版

書號：BH6096　　書名：緣起性空通往一切美好：放下執著、人生沒煩惱的佛法36問

請於此處用膠水黏貼

商周出版

讀者回函卡

線上版讀者回函卡

感謝您購買我們出版的書籍！請費心填寫此回函卡，我們將不定期寄上城邦集團最新的出版訊息。

姓名：________________________ 性別：□男 □女

生日：西元________年________月________日

地址：________________________

聯絡電話：____________ 傳真：____________

E-mail ：

學歷：□ 1. 小學 □ 2. 國中 □ 3. 高中 □ 4. 大學 □ 5. 研究所以上

職業：□ 1. 學生 □ 2. 軍公教 □ 3. 服務 □ 4. 金融 □ 5. 製造 □ 6. 資訊

□ 7. 傳播 □ 8. 自由業 □ 9. 農漁牧 □ 10. 家管 □ 11. 退休

□ 12. 其他________________________

您從何種方式得知本書消息？

□ 1. 書店 □ 2. 網路 □ 3. 報紙 □ 4. 雜誌 □ 5. 廣播 □ 6. 電視

□ 7. 親友推薦 □ 8. 其他________________

您通常以何種方式購書？

□ 1. 書店 □ 2. 網路 □ 3. 傳真訂購 □ 4. 郵局劃撥 □ 5. 其他______

您喜歡閱讀那些類別的書籍？

□ 1. 財經商業 □ 2. 自然科學 □ 3. 歷史 □ 4. 法律 □ 5. 文學

□ 6. 休閒旅遊 □ 7. 小說 □ 8. 人物傳記 □ 9. 生活、勵志 □ 10. 其他

對我們的建議：________________________

____

____

請於此處用膠水黏貼